Rolf Lohberg · Theo Lutz

DATEN IM HAUSHALT

SCHREIBERs

SCHLÜSSEL ZUR COMPUTERWELT

Rolf Lohberg · Theo Lutz

DATEN IM HAUSHALT

Illustrationen: Claus Fritzmann

18 31 JFS

Verlag J. F. Schreiber · Esslingen

Inhalt

Vorwort 5
Der Haushalt ist voller Daten 6
So erfaßt man Daten 8
Daten für den Computer 10
Wir basteln einen Taschenkalender 12
Über den Umgang mit Kassetten 14
Wir speichern Termine 16
Wir speichern auf Disketten 18
Eine Bibliothek für Programme 20
Chaos in der Tiefkühltruhe 22
Ein Garten voller Blumen 24
Wir treiben Statistik 26
Das große Dateiprogramm 28
Suchen und Sortieren 30
Der elektronische Notizzettel 32
Was ist eine Datenbank? 34
Daten im Großen, Daten im Kleinen 36
Register 37

CIP-Kurztitelaufnahme der Deutschen Bibliothek

Lohberg, Rolf:
Daten im Haushalt / Rolf Lohberg ; Theo Lutz.
– Esslingen : Schreiber
(Schreibers Schlüssel zur Computerwelt)
ISBN 3-480-13205-7
NE: Lutz, Theo:

Umschlaggestaltung: Claus Fritzmann
ISBN 3/480-13205-7

Vorwort

Daten findet man in unserem modernen Leben überall. Eine Ladenkasse nennt uns den Betrag, den man bezahlen muß. Der Fahrplan informiert, wann unser Zug abfährt. Der Tachometer zeigt zu viel an und das Bankkonto zu wenig.
Daten sind Zahlen und Ziffern, manchmal schwer oder nicht zu verstehende Worte oder Zeichen, oft auch Namen, Titel und Bezeichnungen.
Daten schreibt man, druckt man, liest man. Man merkt sie sich und trägt sie in der Handtasche herum.
Daten sind zunächst etwas Passives. Aktiv werden sie, wenn man sie zur Kenntnis nimmt oder gar verarbeitet. Dann nehmen sie den Charakter von Informationen an.
Das Wort »Daten« bezeichnet immer vieles. Handelt es sich nur um eines, so sagt man »Datum«. Dieses Wort ist lateinisch. Es bezeichnet etwas, das einem gegeben ist – wie das Geburtsdatum. Oder der eigene Name, den man bei der Taufe bekommt.
Gibt man Daten einem Computer, so hat man in ihm einen idealen Partner. Er kann die Daten übernehmen, sie verarbeiten und wieder zurückgeben. Er ist das Werkzeug, mit dem man Daten bearbeitet.
Wenn man viele Daten hat, die gleichartig sind, nennt man sie einen »Bestand« oder eine »Datei«. Dateien und Bestände sind wie gemacht für Computer. Sie sind die idealen Geräte, um große Datenmengen zu verarbeiten.
Daß es in einem Büro viele Daten gibt, die man verarbeiten kann oder muß, weiß jeder. Daß der Computer also auch eine Büromaschine ist, leuchtet ein. Wieviele Daten es auch im Haushalt geben kann, will dieses Büchlein zeigen. Es wird Sie davon überzeugen, daß es sich lohnen kann, den eigenen Heimcomputer nicht nur als Spielzeug zu betrachten, sondern nützlich einzusetzen.
Der Umgang mit einem Computer ist an Programme gebunden. Die schreibt man in einer Programmiersprache. Früher waren Programmiersprachen sehr kompliziert. Das hat sich geändert. Wie jeder einen Roman lesen kann, der überhaupt lesen kann, so kann jeder ein Computer-Programm verstehen, der nur ein bißchen von Programmiersprachen weiß.
Deshalb gibt es auf vielen Seiten in diesem Büchlein eine Ecke für die Programmiersprache BASIC. Dort wird erklärt, wie man in BASIC (das es für fast alle Heimcomputer gibt) das programmiert, was auf den zugehörigen Seiten beschrieben ist.
Übrigens: Es gibt in dieser Buchreihe einen Band, der Sie mit den Grundelementen von BASIC vertraut macht. Er hat den Titel »BASIC – programmieren, ganz einfach« und ist im selben Verlag erschienen.

Der Haushalt ist voller Daten

Daten sind Angaben aus unserer Umwelt, die etwas festhalten, beschreiben oder bezeichnen. Man findet sie überall, auch im Haushalt.
Für den Computerfreund ist es wichtig zu wissen, daß Daten unterschiedlich aufgebaut sein können. Da gibt es Zahlen, aber auch Namen. Wenn man es mit einem Computer zu tun hat, muß man wissen, wie Daten dargestellt werden, damit der Computer sie annimmt. Wichtig ist, zu wissen, wo man die Daten überhaupt findet, die man in den Computer eingeben will. Dazu machen wir einen kleinen Spaziergang durch den Haushalt.
Einen Zettel – etwa einen Kassenzettel, auf dem Daten verzeichnet sind – nennt der Kaufmann einen »Beleg«. Ein solcher Beleg beschreibt meist einen umfangreichen Sachverhalt, etwa den Kauf einer Ware. Er beschreibt ihn mit Daten. Deshalb sind solche Belege wichtig. Von ihnen geht man aus, um Daten, die zu einem Vorgang gehören, zu erfassen und zu verarbeiten.

Was sind Daten?
Für den Computerfachmann sind Daten die Angaben über einen Sachverhalt. Der Preis auf dem Etikett beschreibt, was die Ware kostet. Auf der Benzinuhr steht, wieviel noch im Tank ist. Am Türschild kann man ablesen, wer hinter der Tür wohnt.
Das Wort »Daten« kommt aus dem Lateinischen und heißt dort soviel wie »das Gegebene«. Daten bezeichnet immer viele. In der Einzahl sagt man »das Datum«.
Daten können Zahlen sein. Das ist häufig der Fall. Dann nennt man sie »numerisch«. Andere Daten – wie Namen oder Bezeichnungen – bestehen rein aus den Buchstaben des Alphabets; sie heißen dann »alphabetische Daten«. Es gibt auch Mischformen. Die sind »alphanumerisch« oder, sehr neudeutsch, »alphamerisch«.

Numerische Daten
Daten, die aus Zahlen bestehen, heißen »numerisch«. Das können ganze Zahlen sein (wie Mengen, Stückzahlen); sie können auch, wie oft beim Geld, ein Komma haben. Bei den Datenverarbeitern ist das Komma ein Punkt. Der kam mit den Computern aus den USA und wird sich auch bei uns durchsetzen. Mit dem Dezimalpunkt trennt man die Mark von den Pfennigen, den Kilometer von den Metern – das Ganze von seinen Teilen.
Zahlen, die als Vorzeichen ein — (Minus) haben, nennt man negativ, im Gegensatz zu den positiven Zahlen, die ein + tragen können (aber nicht müssen).
Damit bestehen numerische Daten aus den zehn Ziffern 0 bis 9, aus den Vorzeichen — und + sowie aus dem Dezimalpunkt.

Alphabetische und alphanumerische Daten
Daten, die nur aus den Buchstaben A bis Z bestehen, heißen »alphabetisch«. (Man muß wissen, ob der Computer, mit dem man arbeitet, Umlaute wie Ä und Ü kennt, oder ob man dafür AE und UE schreiben muß. Manche Computer beherrschen nur große Buchstaben.)
Neben Ziffern und Buchstaben gibt es Sonderzeichen: $ oder § oder =, auch das Komma und den Punkt. Für den Computer ist sogar der Zwischenraum ein Zeichen, das man tippen muß. Man schreibt dafür manchmal b̸, ein durchgestrichenes kleines b. Werden alle Zeichen – Buchstaben, Ziffern und Sonderzeichen – verwendet, so nennt man die Daten »alphanumerisch« (oder »alphamerisch«).

Die Maßeinheiten
Wenn man weiß, daß die Gewichteinheit »Gramm« zu klein ist, mißt man in Kilogramm. »Kilo« steht für 1000.
Wer Daten speichern will, muß Klarheit schaffen – er muß sich festlegen, ob er in der Ureinheit Gramm, Meter, Liter arbeiten will oder ob Kilogramm, Kilometer und Kiloliter zweckmäßig sind. Nach dem Kilo (für 1000) kommt das Mega: 1000 Kilo sind ein Mega. Das nächste wäre das Giga. Das sind 1000 Mega oder eine Million Kilo. Eine Gigamark hat der Reichste nicht. Deshalb hört man diesen Ausdruck so selten.

Die Bedeutung der Daten
Daten haben eine Bedeutung; sie stellen etwas Bestimmtes dar. Ein Gehalt ist etwas Anderes als eine Einwohnerzahl oder ein Termin. Besonders wichtige Datengruppen sind Beträge, Mengen, Zeiten und Namen. Bestimmte Datengruppen haben bestimmte Eigenschaften, die man »Attribute« nennt. Ein Termin besteht aus Datum und Uhrzeit. Ein Preis ist ein Betrag, der in Mark und Pfennig ausgedrückt wird; man hat es mit einer Dezimalzahl zu tun, die hinter dem Dezimalpunkt noch zwei Stellen aufweist. (Mehr Stellen machen keinen Sinn, weil es nur ganze Pfennige gibt. Treten beim Rechnen dennoch Pfennig-Bruchteile auf, so rundet man auf oder ab.)

Auch Mengen sind Daten
Mengen sind wichtige Daten. Im Haushalt gibt es vieles in Mengen. Mißt man sie nach Stück oder Anzahl, so kommt man zu ganzen Zahlen ohne Dezimalpunkt.
Manche Mengen mißt man auch nach dem Volumen, das sie einnehmen: Liter oder Kubikmeter. Ein Kubikmeter faßt 1000 Liter – das Umrechnen gehört ebenfalls zu den Daten.
Schließlich mißt man Mengen auch nach dem Gewicht. Typische Haushaltsgewichte liegen zwischen 10 Gramm Majoran und einem Kilo Zucker. In der Apotheke gibt es aber auch Milligramm, tausendstel Gramm. Man hat also bei vielen Mengenangaben (nur bei Stückzahlen nicht) Dezimalpunkte zu erwarten.

Zeitpunkte und Zeitabschnitte
Wer mit der Zeit zu tun hat, muß sorgfältig unterscheiden: sind es Zeitpunkte oder Zeitabschnitte? Die Abschnitte mißt man in Tagen, Stunden, Minuten und Sekunden. Es geht da sehr altmodisch zu, weil man bei Minuten und Sekunden nicht im Dezimalsystem rechnet, sondern im Sexagesimalsystem, bezogen auf die Zahl 60. Glücklicherweise ist alle Welt im Umgang mit der Zeit sehr geübt; fast jeder hat seine eigene Rechenmaschine, genannt Uhr. Zeitpunkte legt man nach Datum und Uhrzeit fest. Beim Datum treten Probleme auf, wenn man es in der Reihenfolge Tag-Monat-Jahr schreibt. Der erste Januar 1984 würde dann in der Schreibweise eines Computers 010184 heißen, der letzte Januar 310184. Dann kommt der erste Februar: 010284. Bei diesem System springen die Zahlen hin und her: der letzte Januar ist, als Zahl betrachtet, zwar größer als der erste Januar, aber der erste Februar ist dann wieder kleiner als der 31. Januar. So läßt sich im Computer nicht arbeiten. Deshalb benutzt man dort die Anordnung Jahr-Monat-Tag: 31. Januar heißt 840131, der 1. Februar 840201. So geht es schön der Reihe nach aufwärts. Aus dem Datum wird ein Termin, wenn man die Uhrzeit anhängt. Dazu braucht man allerdings vier weitere Stellen.

Beträge in Mark und Pfennig
Ein Betrag ist das, was man bezahlen muß. Beträge findet man als Preise – einzeln oder als Summe.
Gemessen wird in Mark und Pfennig. Das bedeutet, daß man es jeweils mit einem Datum zu tun hat, das einen Dezimalpunkt besitzt und zwei Stellen dahinter. Wie weit es vom Dezimalpunkt aus nach links geht, hängt vom Problem ab. Wer den Bau eines Eigenheims mit dem Heimcomputer abwickelt, braucht leicht sechs Stellen links vom Dezimalpunkt. Er braucht auch ein Vorzeichen, weil zum Häuserbauen Schulden gehören. Die aber haben vorne das Zeichen minus. Sie sind, im Sinne des Wortes, negativ. Damit hat solch ein Betragsfeld bis zu acht Ziffernstellen.

Die BASIC-Ecke

BASIC ist eine Programmiersprache, die bei kleinen und kleinsten Elektronenrechnern sehr verbreitet ist. In dieser kunstvoll erfundenen Sprache formuliert man Programme (also Arbeitsanweisungen) für den Computer.

Daten in BASIC
Zahlen bestehen auch in BASIC aus den Ziffern 0 bis 9, gegebenenfalls einem Dezimalpunkt und dem Vorzeichen – (Minus). Hat man eine Zahl eingetippt, so steht sie auf dem Bildschirm. Wenn man mit ihr rechnen will, muß man ihr vorher einen Namen geben. Dazu schreibt man etwa

A = —23.456

Drückt man jetzt die Eingabetaste (sie könnte ENTER heißen), dann merkt sich der Computer unter dem Namen A den eingegebenen Wert. Man darf dann wie in der Mathematik diesen Namen für die Zahl verwenden.

So erfaßt man Daten

Ihr Heimcomputer verarbeitet nur Daten, die er hat. Deshalb ist die Datenerfassung so wichtig. Und schwierig, wenn es sich um viele Daten handelt oder diese über einen größeren Zeitraum hinweg anfallen. In diesem Buch befassen wir uns besonders mit Daten, die im Haushalt auftreten – und zwar in größeren Mengen. Wir zeigen, wie man solche Daten mit dem eigenen Computer verwaltet, auswertet und benutzt. Auch da kommt der Datenerfassung schnell eine besondere Bedeutung zu.

Wenn man immer wieder Belege bekommt – wie etwa Kassenzettel –, dann kann man die sammeln und bei Gelegenheit in den Computer eingeben. Viele Daten sind aber nur sehr kurze Zeit verfügbar – etwa der Stand am Stromzähler. Denn der läuft ja weiter. Manchmal, etwa bei Thermometern, muß man beim Ablesen auch noch schätzen, weil das Gerät nicht sehr genau ist.
Datenerfassung ist ein Problem.

Daten sind überall
Daten gibt es in jedem Haushalt in Hülle und Fülle. Aber es handelt sich eher um Rohware als um direkt benutzbares Material. Vielleicht möchten Sie gerne Ihre Bücher mit dem Computer verwalten, wie dies große Bibliotheken tun. Dann brauchen Sie über jedes Buch bestimmte Aufzeichnungen, also einen Beleg. Er muß für jedes Buch dieselbe Form haben. Und die Daten, die man aufschreibt, muß man auch eintippen können. Am besten gelingt eine solche Buchdatenverwaltung, wenn jedes Buch seine eigene, unverwechselbare Nummer hat – so wie jeder Tag sein Datum.

Woher kommen die Daten?
Es gibt viele technische Geräte, die Daten liefern: Uhren, Skalen, Zeiger, spezielle Meßgeräte. Viele dieser Anzeigegeräte verändern ihre Anzeige ständig. Man muß sie regelmäßig ablesen und die gelesenen Werte in ein Formular eintragen. Zu einer solchen Eintragung gehören auch Datum und Uhrzeit. So registriert man Strom-, Wasser- und Ölverbrauch. Zweckmäßigerweise nimmt man dazu ein Tabellenformular, in das man in regelmäßigen Abständen die Zählerstände einträgt. Besonders neugierige Leute speichern auch noch die Temperatur im Freien. Dann kann man sich über ein Jahr hinweg vom Computer aufzeichnen lassen, wie der Strom- oder Ölverbrauch von der Außentemperatur abhängt.

Genauigkeit ist ein Problem
Manche Geräte – aber auch Kassenzettel oder Verpackungen – liefern Rohdaten von so schlechter Qualität, daß man Probleme bekommt. Mit solchen Daten ist es wie mit Brillen, die nicht sauber sind oder in denen falsche Gläser sitzen: sie liefern unscharfe Bilder.
Von schlechten Daten läßt man besser die Finger. Denn über eines muß man sich im klaren sein: Aus Schund kann auch der beste Computer nichts Wertvolles machen.
Manche Daten sind empfindlich. Sie können alt werden und verrotten. Oft weiß man gar nicht, wann sie erfaßt wurden. Vielleicht sind sie nicht richtig erfaßt. Oder in einer Handschrift geschrieben, die nur ein Apotheker lesen kann. Dann in den Papierkorb damit!
Die Qualität der Datenerfassung bestimmt die Qualität der Datenverarbeitung. Computerleute sind deshalb besonders pünktliche Leute. Oder sollten es wenigstens sein.

Felder und Formate
Ein Formular für einen Beleg besteht aus vorbereiteten Feldern, in die man die Daten einträgt. Häufig sind Zusätze angegeben, die das Eintragen erleichtern. Sie zeigen, was für Eigenschaften oder Attribute – etwa die Länge der Eintragung – der Computer erwartet. Die Felder haben, wie der Computerfachmann sagt, ein festes Format. Die dort eingetragenen Daten nennt man »formatiert«. Formulare, die man leicht ausfüllen kann, sind benutzerfreundlich. Sind sie das nicht, so schimpfen die Leute und tragen falsche Daten im falschen Format in die Felder ein. Wer das verhindern will, macht seine Belege so, daß sie einleuchtend sind, und geizt nicht mit erklärenden Hinweisen.

Datenelemente und Sätze
Ein Datum allein macht keinen rechten Sinn. Auf einem Kassenzettel steht nicht nur ein Betrag in D-Mark. Man findet dort auch, was gekauft wurde, wo und wann man es gekauft hat. So wird aus einzelnen Daten eine Information. Man nennt Daten, die solcherart zusammengehören, einen »Satz« oder ein »Datenelement«. Felder nehmen Daten auf, Belege ganze Sätze oder Datenelemente.

Schlüssel und Werte
Ein Datenelement besteht immer aus mehreren Feldern und hat einen festen Aufbau – Beleg für Beleg.
In einem Datensatz gibt es immer Datenfelder, die »wieviel« angeben – also Beträge oder Mengen. Man nennt sie »Wertefelder«.
Andere Felder sagen, auf wen oder was sich diese Werte beziehen. Solche Felder nennt man »Schlüssel«. Typische Schlüssel sind Rechnungsnummern, Kontonummern oder die Nummer im Sparbuch. Ein ganz typischer Schlüssel ist das Autokennzeichen. Mit seiner Hilfe kann man jedes Auto identifizieren. Allgemein gesprochen: Mit Hilfe von Schlüsseln identifiziert man Datenelemente.

Datenbestände oder Dateien
Datenelemente mit demselben Aufbau, demselben Format, speichert man im Computer gemeinsam. Was dabei herauskommt, heißt »Bestand« oder »Datenbestand« oder »Datei«.
Eine Datei besteht aus lauter gleichartigen Datenelementen. Man unterscheidet aber die einzelnen Datenelemente nach ihren Schlüsseln. Zu jedem Schlüsselwert sollte immer nur ein einziges Datenelement gehören. Nur dann kann man die Datenelemente einwandfrei auseinanderhalten. Kontonummern sind so beschaffen, Autokennzeichen oder Telefonnummern. Solch ein ganz eindeutiger Schlüssel wird »Hauptschlüssel« genannt. Durch diese Hauptschlüssel kann man jedes beliebige Datenelement im Bestand auffinden. In den Speichern von Computern sind die Datenelemente meist nach ihren Hauptschlüsseln sortiert.

Namen sind mehr als Schall und Rauch
Felder, Sätze und Bestände bekommen im Computer stets einen Namen. Mit dem werden sie angesprochen, wenn man ihnen durch ein Programm – also eine Folge von Befehlen – sagt, was sie zu tun haben. Die Namen, die man den Feldern und Datenelementen geben kann, hängen von der Programmiersprache ab, mit der man arbeitet. In einfachen BASIC-Dialekten dürfen die Namen nur aus einem Buchstaben zwischen A und Z bestehen. Dann gibt es eben nur 26 Namen und nur 26 verschiedene Felder in einem Programm. Mehr geht nicht. Andere Programmiersprachen haben mehr Möglichkeiten.

Die BASIC-Ecke

Namen für Daten
Bei jeder Programmiersprache muß man sich zuerst die Regeln aneignen, nach denen die Namen für Daten, Dateien und Sätze geschrieben werden. In einfachen Versionen von BASIC bestehen Datennamen aus einem Buchstaben (A bis Z) und einigen Sonderzeichen wie # oder $. Mehr Namen sind möglich, wenn auf den Buchstaben auch noch eine einstellige Ziffer folgen darf.
Mit L5 = -123.75 gibt man dem Wert -123.75 den Namen L5. Man sagt, man habe L5 den Wert -123.75 zugewiesen.
Da man unter solchen Namen immer wieder andere Werte speichern kann, nennt man sie »Variable«.

Daten für den Computer

Das erste Ziel ist, sich einen Datenbestand anzulegen. Dazu müssen alle Daten, die zu speichern sind, in schriftlicher Form vorliegen. Zum Beispiel füllt man für jedes Buch seiner Bibliothek einen Beleg aus, auf dem verzeichnet ist, was man speichern und später wieder wissen will.
Diese Daten sollen in den Computer gebracht werden. Dazu muß man Beleg um Beleg eintippen und dann speichern lassen. Das Speichern besorgt ein Computer-Programm mit exakten Befehlen. Das muß man dem Computer aber erst schreiben: ein Eingabeprogramm. Wenn es benutzerfreundlich ist, hilft es beim Eingeben von Daten und verhindert, daß Unsinn eingegeben wird.
Mit einem solchen Programm kann man einen völlig neuen Datenbestand anlegen. Oder es verändert einen Bestand, der schon längst angelegt ist.

DATENSATZ: BUCH DATENBESTAND: BIBLIO

NUMMER	(N1)	2 0 1 7 8 4	6	BUCHNUMMER
AUTOR$	(A$)	L O H B E R G / L U T Z	15	AUTOR
TITEL$	(T$)	H E I M C O M P U T E R	15	BUCHTITEL
VERLAG$	(V$)	S C H R E I B E R E S S L	15	VERLAG
JAHR	(J)	1 9 8 4	4	ERSCHEINUNGSJAH
PREIS	(P)	9 8 0	5	KAUFPREIS
ORT$	(O$)	R E G A L 2	10	STANDORT
NAME$	(N2$)		10	AUSLEIHER
WANN	(W)	.	6 LÄNGE DES FELDES	WANN AUSGELIEHE

Das Programm für die Eingabe
Wir entwickeln jetzt ein Programm, mit dem der Computer Daten anfordert. Dazu soll es jeweils aufzeigen, welches Feld eingegeben werden soll. Aus den Feldern macht es dann einen Datensatz: Es stellt alle Felder zusammen und speichert sie auf einer Magnetband-Kassette. Dort sind die Eingabedaten dann verfügbar.
Wir schreiben dieses Programm in BASIC. Aber es gibt viele BASIC-Dialekte, die sich vor allem im Umgang mit Datenbeständen unterscheiden. Es bleibt einem nichts übrig, als das Handbuch des eigenen Computers zu studieren.

Der Beleg und sein Datensatz
Der Beleg, mit dem wir hier arbeiten, ist für die Privatbibliothek. Aus dieser Darstellung für den Datensatz erkennt man für die einzelnen Felder alles Wissenswerte: ihre Länge, wenn sie voll ausgefüllt sind; auch ob sie numerisch oder alphanumerisch sind. Wenn alle Felder in voller Länge gespeichert werden, hat der gesamte Satz eine Länge von 86 Zeichen. Ob Ihr Computer das genau so speichert, ist nicht ohne weiteres zu sagen. Denn Rechenfelder werden meist in einer festen Länge gespeichert, auf die man keinen Einfluß hat.

Feld- und andere Namen
Wir benennen jetzt unsere Felder. Es kann sein, daß Ihr Computer nur einen Buchstaben und eine Ziffer als Namen zuläßt. Dennoch vergeben wir volle Namen – wegen der besseren Lesbarkeit. Oben sehen Sie es. In Klammern setzen wir Vorschläge für Kurznamen. Rechts steht die Feldlänge und was das Feld bedeuten soll.
Den ganzen Satz nennen wir BUCH und den Bestand, der da entstehen soll, BIBLIO.

Vorschläge für Buchnummern
Wie soll man seine Bücher durchnumerieren? Das ist in der Welt der Datenverarbeiter eine schwierige Frage.
Vorschlag 1: Alles wird von vorne nach hinten durchnumeriert, wie es kommt, von eins bis viele. So hat man fast immer sehr kurze Nummern. Aber man kann sie sich kaum merken; sie sagen nichts.
Vorschlag 2: Die Nummer wird sinnvoll gegliedert. Die erste Stelle kann das Jahr des Erscheinens sein, also 3 für 1983. Dann kommen drei Stellen Sachgebiet, etwa 815 für »Computer zu Hause«. Solche Nummern kann man lesen, aber sie sind lang.

Ein Daten-Eingabeprogramm

```
100 OPEN BIBLIO, 'E80', OUT, RECL=86
```
A

```
110 NUMMER=0
111 AUTOR$=' '
.
.
.
117 NAME$=' '
118 WANN=0
```
B

```
150 INPUT 'BUCHNUMMER= ',NUMMER
151 INPUT 'AUTOR= ',AUTOR$
.
.
155 INPUT 'KAUFPREIS= ',PREIS
156 INPUT 'STANDORT= ',ORT$
```
C

```
170 PRINT 'BUCH: ',NUMMER
171 PRINT AUTOR$, TITEL$,..., PREIS, ORT$
```
D

```
200 INPUT 'EINGABE KORREKT? – JA/NEIN ',ANTWORT
201 ANTWORT = 'NEIN' GOTO 150
```
E

```
300 PUT BIBLIO, 'E80', NUMMER,..., WANN
```
F

```
400 INPUT 'NOCH EIN BELEG? – JA/NEIN ',ANTWORT
410 IF ANTWORT = 'JA' GOTO 150
```
G

```
420 PRINT 'SCHLUSS FÜR HEUTE'
430 CLOSE BIBLIO, 'E80'
440 END
```
H

Ein Daten-Eingabe-Programm
Die einzelnen Blöcke dieses Programmes sprechen für sich selbst, wenn man die etwas abstrakte Sprache von BASIC lesen kann. Hier stehen Kommentare für die einzelnen Blöcke.
(A) Mit OPEN wird dem Programm gesagt, daß man mit einem Bestand arbeiten will. Er heißt BIBLIO und wird unter der Nummer E80 gespeichert. Das Wort OUT sagt, daß geschrieben wird. Die Angabe RECL = 86 informiert den Computer, daß je Satz 86 Zeichen zu erwarten sind.
(B) In diesem Programmblock werden alle Datenfelder im Satz auf Null oder »Blank« gesetzt. So wird erstmal aufgeräumt. Das vermeidet spätere Fehler.
(C) Jeder Befehl in diesem Block fordert zwischen Buchnummer und Standort ein Datum an. Die Bemerkungen zwischen den Gänsefüßchen sind »Literale« (die stets durch ein $ gekennzeichnet werden). Es sind verständliche Wörter, mit denen der Computer dem Eintipper sagt, was er haben will. Das ist Computerdialog.
(D) Die eingegebenen Daten werden ausgedruckt. Man kann kontrollieren, was tatsächlich eingetippt wurde.

Das Daten-Eingabe-Programm
(E) Das Programm fragt den Eintipper, ob das Eingetippte in Ordnung ist. Wenn nicht, kann man den Satz nochmals eingeben. Wenn alles stimmt, fährt das Programm mit dem nächsten Befehl fort.
(F) Der eingegebene Datensatz wird bei BIBLIO unter E80 gespeichert. Dann kommen – in der richtigen Reihenfolge – die Namen der Daten im Datensatz.
(G) Der Computer fragt, ob ein weiterer Satz kommt. Wenn JA, geht es zum Befehl 150, der einen neuen Datensatz verlangt.
(H) Wenn die Frage, ob es weitergeht, mit NEIN beschieden wird, ist das Programm fertig. Mit dem Befehl CLOSE wird der Bestand BIBLIO ordnungsgemäß abgeschlossen.

Die BASIC-Ecke

Was ist ein Programm?
Bevor man ein neues BASIC-Programm eingibt, tippt man das Wort NEW und drückt eine Taste, die zum Beispiel ENTER heißt. Sie sorgt dafür, daß sich der Computer mit dem Eingetippten befaßt. Jetzt kann man BASIC-Befehle eingeben – in der Reihenfolge, in der sie durchgeführt werden sollen. Sie beginnen mit der Befehlsnummer, in der die Befehle im Programmspeicher geordnet sind. In der Reihenfolge dieser Nummern werden die Befehle dann auch durchgeführt. Nach der Nummer kommt das eigentliche Befehlswort. Es besagt, was der Computer jetzt tun soll. Will man das Programm, das man eingetippt hat, laufen lassen, so tippt man das Wort RUN ein. Es veranlaßt den Computer, Befehl um Befehl durchzuführen.

Der Befehl INPUT
Er fordert Daten von außen an. Ein Fragezeichen auf dem Bildschirm sagt dem Benutzer, daß er ein Datum eingeben soll.

Der Befehl PRINT
Er zeigt Daten auf dem Bildschirm (und bei manchen Computern auch auf dem Drucker, wenn dieser eingeschaltet ist). Der Befehl mit der Nummer 75

75 PRINT A, B, F

zeigt in einer Zeile, was unter A, B und F gespeichert ist.

Der Befehl GOTO
In BASIC regelt die Nummer vor dem Befehl die Reihenfolge. Will man vom Befehl 125 nach 55 zurückspringen, so schreibt man

125 GOTO 55

Es geht dann bei 55 weiter.

Wir basteln einen Taschenkalender

Nach unserer Betrachtungsweise besteht ein Kalender aus 365 gleichartigen Datensätzen, fein geordnet, einer hinter dem andern. Ein Kalender ist also ein Datenbestand mit genau einem Datensatz je Datumstag.
Da man bei einem Kalender streng auf die Reihenfolge der Tageseintragungen oder Datensätze achtet, eignet sich eine Magnetband-Kassette besonders zur Speicherung eines Kalenders. (Warum – das sagt das nächste Kapitel). Von einem solchen Datenbestand sagt man, er sei fortlaufend organisiert, weil ein Datenelement hinter dem andern steht. Es wäre ein bißchen albern, wollte man beim Aufbau eines Kalenderbestandes für jeden Tag einen Beleg erstellen und den dann eintippen. Da man mit wenigen Angaben weiß, wie ein Kalender aufgebaut ist, macht man es einfacher und beschäftigt den Computer als Kalendermacher.

Der Schlüssel heißt DATUM
Die Ordnung im Kalender heißt DATUM. Das Datum ist ein fast idealer Schlüssel. Es hat nur den Nachteil, daß es aus drei verschiedenen Teilen besteht: Tag, Monat und Jahr. Doch alle drei kann man mit Zahlen erfassen. 23. 07. 1984 ist der 23. Tag im siebten Monat des Jahres 1984. Läßt man die Punkte weg und schreibt nur 23071984, so hat man einen Schlüssel, der immer am Monatsende zurückschaltet:
01011984 Erster Tag im Januar
31011984 Letzter Tag im Januar
01021984 Erster Tag im Februar
Wenn man die Reihenfolge umdreht und Jahr-Monat-Tag schreibt, ist das, was sich am schnellsten ändert – nämlich der Tag – hinten. Außerdem lassen wir die langweilige Ziffernfolge 198 weg und schreiben nur die 4 für das Jahr. Steht die Tageszahl im Feld TAG, die Monatszahl in MONAT, dann bringt die Formel
DATUM = 40000 + 100 × MONAT + TAG
computergeeignete Daten.

Ein Datensatz für den Kalend
Wir hätten in unserem Kalendersatz gerne eine Reihe von Eintragungen, die uns auch später zugute kommen, wenn wir den Kalender wieder sichtba machen. Dazu gehört der ausgeschriebene Monat ebenso wie der Wochentag in Klartext. Wir sehen auch ein Feld vor, in dem ein besonderes Ereignis für diesen Tag gespeichert werden kann. Dieses Feld heißt NAME$. (Weil es ein Textfeld ist, steht hinten ein $.) Dann sind für drei Termine Felder mit Uhrzeit und Text vorgesehen.

Der Kalendersatz

		JAHR MONAT TAG		
DATUM	(D)	4 0 4 1 6	5	Computerdatum
TAG	(T)	1 6	2	Tag als Zahl
MONAT$	(M)	A P R I L	7	Monatsname
WTAG$	(W)	M O N T A G	9	Wochentag
NAME$	(N)	S E M E S T E R B E G I N N	15	Ereignis
TERM1	(T1)	0 9 0 0	4	Termin 1
WAS1$	(W1$)	V O R L E S U N G	15	Was?
TERM2	(T2)	1 4 0 0	4	Termin 2
WAS2$	(W2$)	T R E F F M I T U L I	15	Was?
TERM3	(T3)		4	Termin 3
WAS3$	(W3$)		15	Was?

Mein Computerkalender

16. APRIL	MONTAG	SEMESTERBEGINN
	TERMINE	
	09.00 UHR	VORLESUNG
	14.15 UHR	TREFF MIT ULI
	␣␣ UHR	
17. APRIL	DIENSTAG	
	TERMINE	
	␣␣ UHR	
	␣␣ UHR	
	␣␣ UHR	
18. APRIL	MITTWOCH	
	TERMINE	
	09.30 UHR	VORLESUNG
	15.00 UHR	SEMINAR
	18.00 UHR	BEATE KOMMT
19. APRIL	DONNERSTAG	
	TERMINE	
	␣␣ UHR	
	␣␣ UHR	
	␣␣ UHR	
20. APRIL	FREITAG	KARFREITAG
	TERMINE	
	␣␣ UHR	AUSSCHLAFEN
	␣␣ UHR	
	␣␣ UHR	

Variable Satzlänge
Man könnte bei der Konstruktion eines Datensatzes für den Kalender beliebig viele Termine zulassen. Aber das würde bedeuten, daß jeder Satz eine andere Länge hat. Das kann für die Dateiverwaltung Probleme bringen. Nimmt man Kassetten als Speicher, und will mit unterschiedlichen – »variablen« – Satzlängen arbeiten, geht man so vor, daß man Satz für Satz von der Kassette abliest, verändert und auf eine zweite Kassette überträgt.

Das Kalenderblatt
Es macht wenig Sinn, für jeden Tag einen Beleg anzulegen und diese Belege dann einzeln einzutippen. Wenn wir rechts trotzdem ein Kalenderblatt in Form eines Belegs abbilden, dann aus einem andern Grund. Wir skizzieren nachher ein Programm, mit dem das Tippen bis auf die Kalendereintragungen überflüssig wird. Dann könnte es sich lohnen, jeden Satz in geeigneter Form auszudrucken, um daraus einen richtigen Kalender aus Papier zu machen.

Das Kalenderprogramm

```
A  010  DIM MONAM$(12), TAGE(7), LANG(12)
   020  MONAM$(1)='JANUAR '
B         :
   031  MONAM$(12)='DEZEMBER '
   040  TAGE$(1)='SONNTAG '
C         :
   046  TAGE$(7)='SAMSTAG '
   050  LANG(1)=31
   051  LANG(2)=29 (SCHALTJAHR!)
D         :
   061  LANG(12)=31
E  100  WT=1
F  110  FOR M=1 TO 12
G  120    FOR LTAG= 1 TO LANG(M)
H  200      PUT – PRINT
            DATUM:    4000 + 100*M + LTAG
            TAG:      LTAG
            MONAT$:   MONAM$(M)
            WTAG$:    TAGE$(WT)
            NAME$:    ' 15 ZWISCHENRAEUME '
            TERM1:    0000
            WAS1$:    ' 15 ZWISCHENRAEUME '
            TERM2:    0000
            WAS2$:    ' 15 ZWISCHENRAEUME '
            TERM3:    0000
            WAS3$:    ' 15 ZWISCHENRAEUME '
I  300      WT=WT+1
   310      IF WT ≤ 7 GOTO 330
   320      WT=1
K  330    NEXT LTAG
   340  NEXT M
L  350  END
```

Der Kommentar zum Programm

(A) DIM steht für »Dimension« oder Ausdehnung. Der Befehl DIM informiert den Computer, daß Matrizen verlangt werden.

(B) Die Matrix MONAM$ für die Monatsnamen wird Monat für Monat neu mit Daten gefüllt.

(C) Die Matrix TAGE$ für die Namen der Wochentage wird Tag für Tag gefüllt.

(D) Im Vektor LANG werden die Monatslängen untergebracht. 1984 ist ein Schaltjahr!

(E) WT zählt die Tage in der Woche. 1984 beginnt mit einem Sonntag. In MONAM$ steht der Sonntag unter Nummer 1.

(F) Was der Befehl FOR kann, steht in der BASIC-Ecke. Er sorgt hier dafür, daß zwischen den Befehlen 110 und 340 alles in Form einer Schleife genau zwölfmal durchlaufen wird. Der Zähler M, der im Befehl 110 mit 1 startet und in 330 jeweils um 1 weitergesetzt wird, zeigt an, in welchem Durchlauf man ist. Mit M werden die Monate gezählt – von 1 für Januar bis 12 für Dezember.

(G) Dies ist wieder eine FOR-Schleife. Sie beginnt bei LTAG = 1, also dem ersten Monat, und geht bis LANG (M). Dort steht, wieviel Tage der gerade anstehende Monat M hat.

(H) Unter der Befehlsnummer 200 ist skizziert, wie man an dieser Stelle des Programms die einzelnen Datenfelder auffinden kann. Hier wird das Datum errechnet. Die Nummer des Tages steht in LTAG. Der Monatsname steht unter der Nummer M in MONAM$, heißt also MONAM$ (M).

(I) Hier wird der Zähler für die Wochentage WT auf 1 zurückgestellt, wenn er größer als 7 geworden ist.

(K) Von 330 geht es zurück nach 120. Dabei wird LTAG um 1 weitergezählt. Bei 340 geschieht das gleiche für M.

(L) Hier endet das Programm.

Matrizen und Vektoren

Zu den Datenbeständen gehören auch Tabellen. Haben sie mehrere Spalten, nennt man sie »Matrizen« (Einzahl: »Matrix«). Haben sie nur eine Spalte, so nennt man sie »Vektoren«. Jede Spalte hat einen Namen für alle Zahlen und eine »Adresse«, unter der man sie im Speicher findet.

Zum Aufbau unseres Kalenders gibt es drei Vektoren: für die Anzahl der Tage, für die Monatsnamen und für die Namen der Wochentage.

Datenbereiche im Programm

Einem Programm muß man mitteilen, wie die Matrizen und Vektoren heißen, die es verarbeiten soll – und wie groß sie sind, damit der Computer Speicherplatz reserviert.

Im Kalenderprogramm gibt es den Vektor MONAM$ (12) für die 12 Monatsnamen. Es ist ein Textvektor für 12 Literale. Unter MONAM$ (1) steht das Wort JANUAR, unter MONAM$ (12) das Wort DEZEMBER. Die Wochennamen stecken in TAGE$ (7). Der Zahlenvektor LANG (12) enthält für jeden Monat die Anzahl seiner Tage. Weil 1984 ein Schaltjahr ist, ist LANG (2) = 29 – für den Februar.

Die BASIC-Ecke

DIM ist ein Befehl

Er reserviert Speicherplatz für Matrizen. Nach dem Wort DIM schreibt man die Namen der Datenbereiche, Matrizen und Vektoren. In Klammern folgt die Anzahl der Zeilen und Spalten.

Was ist eine Schleife?

Ein Programm wird ganz stur Befehl um Befehl abgewickelt – einer nach dem anderen, genau der Reihe nach. Oft will man aber einen Programmteil mehrfach ablaufen lassen. Dann setzt man das Programm mit GOTO zurück. Es beschreibt dann eine Schleife.

FOR ist ein Befehl

Weiß man, daß man eine bestimmte Schleife so und so oft ablaufen lassen muß, dann verwendet man FOR. Im Kalenderbeispiel soll der Schleifenzähler M von 1 auf 12 zählen. Das schreibt man so:

110 FOR M = 1 TO 12

Am Schleifenende steht als Befehl 340 NEXT M. Dieser Befehl ist so lange ein »GOTO 110«, bis M seinen Endwert erreicht hat.

Über den Umgang mit Kassetten

Kassetten sind die moderne Version der Magnetbänder, und sie funktionieren genauso. Das gilt bei Musikrekordern ebenso wie bei Computern. Auch beim elektronischen Rechnen sind sie sehr bequem zu handhaben. Man schiebt oder legt sie in das Kassettengerät. Dann gibt man einen Rückspulbefehl, etwa REWIND, und drückt die Taste für die Eingabe (ENTER). Damit geht die Kassette auf ihre Anfangsposition. Jetzt kann man sie vollschreiben oder lesen.

Es gibt Kassetten in verschiedenen technischen Ausführungen – als gewöhnliche Musikkassette, aber auch größer oder kleiner. Wenn Sie einen Computer mit Kassette haben, so empfiehlt es sich, sofort das Handbuch heranzuziehen und auszuprobieren, welche Möglichkeiten Ihr Gerät bietet.
Der Umgang mit Kassetten ist nicht schwierig, aber man hat weniger Möglichkeiten als bei den Disketten, von denen noch die Rede sein wird.

Das Technische
In der Kassette ist ein dünnes Band aus Kunststoff aufgerollt, in den eine magnetisierbare Substanz eingebettet ist. Dieses Band wird an einem Schreib-Lesekopf vorbeigeführt. Die zu speichernden Signale kommen als kleine Stromstöße und magnetisieren die Stelle, die gerade den Kopf passiert. Im Lesebetrieb werden diese aufmagnetisierten Impulse wieder an den Computer geliefert. Das alles geschieht natürlich automatisch.

Kleinere Computer haben gar keine oder nur eine einzige Kassettenstation. Oft kann man auch einen gewöhnlichen Kassettenrekorder anschließen. Auf Kassetten speichert man Dateien und Programme.

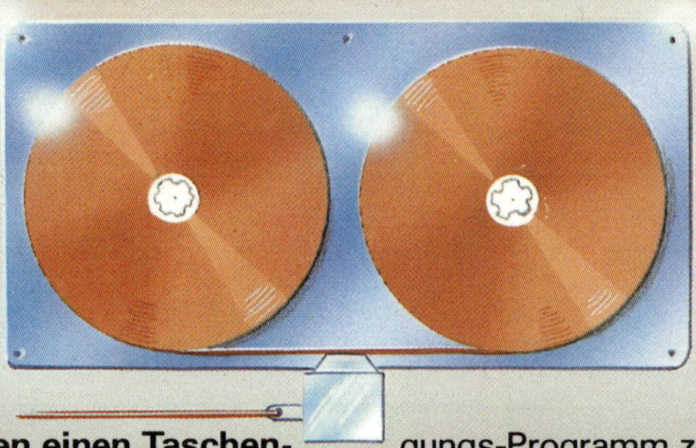

Wir machen einen Taschenkalender
Wenn man die Datensätze unseres Kalenderprogramms, einen nach dem andern, auf eine Kassette schreibt, hat man eine Kalenderdatei. Sie heißt TAKA, wie Taschenkalender. Wie man dieses Datenerzeugungs-Programm zum Bestand macht, zeigt die Programmskizze unten. Sie verbindet das Programm, das Kalendersätze produziert, mit den Befehlen für das Speichern von Datensätzen. Die Zusätze bestehen eigentlich nur darin, daß der Bestand eröffnet wird, daß jeder zusammengestellte Satz auf die Kassette geschrieben wird, daß der Bestand dann ordnungsgemäß abgeschlossen und daß zurückgespult wird.

Programm Erstellen Taschenkalender

```
050 OPEN TAKA, KASSETTE1, LÄNGE=97
010 DIM MONAM$(12),....
 :
120 FOR LTAG=1 TO LANG(M)
200 PUT TAKA; DATUM,TAG, MONAT$, WTAG$, NAME$,
    TERM1, WAS$1, TERM2, WAS2$, TERM3, WAS3$
300 WT=WT+1
 :
340 NEXT M
345 CLOSE TAKA
346 REWIND TAKA
350 END
```

Fortlaufende Datensätze
Eine Kassette wird von vorne nach hinten fortlaufend oder »sequentiell« vollgeschrieben und so auch wieder gelesen. Um etwas zu finden, sucht man Satz um Satz ab, denn man weiß nicht, an welcher Stelle des Bandes das gesuchte Stichwort steht.

Lese- und Schreibbefehle
Der Schreibbefehl im Computer heißt PUT. GET beschafft einen Datensatz.
Jeder Bestand hat seinen Namen, den man anschließend an PUT oder GET schreibt.
Ganz am Anfang des Programmes muß man diesem mitteilen, mit welchem Bestand man arbeitet: wie er heißt, welche Länge jeder Satz hat und auf welchem Gerät der Bestand gespeichert ist. Dazu schreibt man das Befehlswort OPEN (»Bestand eröffnen«) mit den nachfolgenden Eintragungen. Der Befehl CLOSE, zusammen mit dem Bestandsnamen, schließt ab. Der letzte Befehl, den wir bei einer Kassette brauchen, ist typisch für dieses Speichersystem: REWIND, also »Zurückspulen«.

Kalender für einen Tag

Rechts sehen Sie ein kleines Programm, das Daten liest. Vor dem Lesen steht das Aufsuchen eines Datensatzes. Dazu braucht man einen Schlüsselwert. Der wird mit Befehl 010 angefordert. Dann wird eröffnet und (vorsichtshalber) zurückgespult.
Befehl 100 ist der Lesebefehl. Auf den wird mit einem GOTO (über Befehl 125) immer wieder zurückgegriffen. Aber in 110 wird erst einmal gefragt, ob schon EOF ist (EOF: eine Abkürzung für »End of File«, »Ende der Datei«).
Stimmen Suchdatum und Schlüsselwert überein, geht es nach 400. Dort wird aus dem Datensatz ein Kalenderblatt gedruckt. Und über E210 wird gefragt, ob der Computer noch einmal suchen soll.
Hatte man in 120 keinen Erfolg, kommt 121 dran. Dort wird gefragt, ob das Datum im Kalender vielleicht größer ist als das eingegebene. Wenn nicht, verhält man sich wie bei EOF. Kommt man aber bei 125 an, geht alles von Neuem los.

In den Kalender wird eingetragen

Bei einem fortlaufenden Bestand kann es Probleme geben, wenn man einen Satz liest und ihn dann – vielleicht verändert – auf seinen alten Platz zurückschreiben will. Ist er länger geworden, geht es überhaupt nicht mehr. Manche Computer akzeptieren den Schreibbefehl trotzdem und überschreiben Teile des nächsten Satzes. Das ist auch nicht erfreulich.
Wir achten durch die Reservierung leerer Felder darauf, daß die Satzlänge bleibt. Aber es kann passieren, daß uns die Programmiersprache einen Streich spielt und aus lauter Übereifer nur teilweise belegte Felder verkürzt speichert – um Platz zu sparen. Aufpassen!
Unser Programm braucht zwei Kassetten und fragt nach einem Datum. Dann wird in 100 ein Satz von Kassette 1 gelesen. Eine Eintragung für Name$, in dem das Tagesereignis steht, wird verlangt. Dann wird in 150 mit PUT auf die zweite Kassette geschrieben. So kann nichts passieren.
Das Programm verarbeitet viele Datumswerte, aber sie müssen in Kalender-Reihenfolge stehen. Sonst wird abgebrochen.

Das Leseprogramm

```
010  INPUT "DATUM EINGEBEN: 4-MONAT-TAG", DAT

050  OPEN TAKA, KASSETTE1, 97
055  REWIND TAKA

100  GET TAKA; DATUM, TAG, MONAT$, WTAG$, NAME$, TERM1,
     WAS1$, TERM2, WAS2$, TERM3, WAS3$

110  IF EOF GOTO 200

120  IF DATUM=DAT GOTO 400
121  IF DATUM > DAT GOTO 200
125  GOTO 100
200  PRINT "DATUM NICHT GEFUNDEN", DAT
210  PRINT "NEUE EINGABE? (JA/NEIN)"? ,F
210  IF F="JA" GOTO 010

220  CLOSE TAKA
230  REWIND TAKA
240  END

400  KALENDERBLATT DRUCKEN
450  GOTO 210
460  END
```

☐ Das sind Befehle zum Bestandslesen

DAS LESE-SCHREIBPROGRAMM

```
010  OPEN TAKA1, KASSETTE1, 97
020  OPEN TAKA2, KASSETTE2, 97

030  REWIND TAKA1, TAKA2
050  INPUT "DATUM EINGEBEN: 4-MONAT-TAG", DAT

100  GET TAKA1; DATUM, TAG, MONAT$, WTAG$, NAME$,
     TERM1, WAS1$, TERM2, WAS2$, TERM3, WAS3$

110  IF EOF GOTO 300

120  IF DATUM > DAT GOTO 200
130  IF DATUM=DAT GOTO 150
140  INPUT "TAGESEREIGNIS EINGEBEN MAX 20 ZEICHEN", NAME$
150  PUT TAKA2; DATUM, TAG, MONAT$, WTAG$, NAME$,
     TERM1, WAS1$, TERM2, WAS2$, TERM3, WAS3$
160  GOTO 50
200  PRINT "DATUM FALSCH", DAT
210  PRINT "PROGRAMM ABGEBROCHEN"
300  PRINT "BESTANDSENDE ERREICHT"

310  CLOSE TAKA1, TAKA2
320  REWIND TAKA1, TAKA2

330  END
```

☐ Die Befehle beziehen sich auf die Kassette

EOF – das Ende eines Bestandes

Wenn man einen Bestand fortlaufend verarbeitet, so bedeutet dies, daß man Satz um Satz liest. Es kann passieren, daß man im Eifer des Lesens über das Ziel hinausschießt. Darum hat jeder Bestand an seinem Ende eine Markierung, die durch CLOSE gesetzt wird. Sie heißt »End-of-File-Marke« oder, auf gut Deutsch »Bestandsendemarkierung«.

Wieviel Daten passen auf eine Kassette?

Wir haben bisher so getan, als könne man auf einer Kassette beliebig viel speichern. Dabei kann es einem leicht passieren, daß auf einer Kassette nur ein Drittel des Kalenders Platz hat. Darum macht man gelegentlich eine Kapazitätsberechnung. Manche Rechner verlangen, daß man vor dem Erstellen eines Bestandes die Kassette in feste Blöcke einteilt, »formatiert«. Dazu wird ein Programm mitgeliefert.

Die BASIC-Ecke

Was ist ein Puffer?

Bei vielen BASIC-Versionen hat man zwischen Feldern und Speicher einen Bereich, der gerade eine Zeichenkette aufnehmen kann. Man nennt ihn »Puffer«. Es gibt dann Zusatzbefehle wie PRINT, INPUT, READ oder WRITE, die den Verkehr mit dem Puffer steuern und die Zeichenkette auf die Felder verteilen.

Blöcke und Sektoren

Disketten und Magnetplatten speichern ihre Daten oft in Zeichenketten fester Länge, auf die man keinen Einfluß hat. Das ist technisch bedingt. Einen solchen Platten- oder Diskettenabschnitt nennt man »Block« oder »Sektor«. Blocklängen von 512 Zeichen Länge sind üblich. Der Computer packt dann in einen Block so viele Sätze hinein, wie er unterbringen kann.

Wir speichern Termine

Ein Termin findet an einem bestimmten Datum statt und beginnt zu einer bestimmten Uhrzeit. Er dient einem Zweck und kann, beispielsweise, Leute zusammenbringen. Auch ein Ort kann dazugehören, eine Kontaktperson, eine Telefonnummer; vielleicht auch Reisedaten: Man fährt mit dem Zug hin und fliegt mit dem Flugzeug zurück. Dies alles sind Daten; die kann man speichern. Im Gegensatz zum Taschenkalender, der für jeden Tag einen Satz hat, besitzt die Termindatei einen Satz für jeden Termin. An manchen Tagen gibt es zwei oder mehr, am Sonntag wünschenswerterweise gar keinen.
Es kommt hinzu, daß man Termine absagt und verschiebt, daß unerwartet neue Termine auftauchen. Ein Terminbestand muß also mit viel Veränderung leben.

Der Terminschlüssel oder 23. Juli 1984 10.15 Uhr

Jahr	Datum				Uhrzeit			
	Monat		Tag		Stunde		Minute	
4	0	7	2	3	1	0	1	5

Der Schlüssel zum Termin
Der Schlüssel soll wegen der Ordnung so beschaffen sein, daß ein späterer Termin einen größeren Schlüsselwert hat. Also beginnen wir mit einer Angabe, die sich am seltensten ändert, und enden mit dem, was am schnellsten läuft. Wir gehen vom Jahr über Monat und Tag zur Uhrzeit nach Stunden und Minuten.

Daten für einen Termin
Wir schlagen Ihnen hier links einen Datensatz für Termine vor. Eine saubere Terminnummer ist nötig. Angaben über Zeitpunkt und Ort gehören dazu. Wer ist der Partner? Wo wohnt er oder wo trifft man sich? Wichtig ist ein Stichwort über das Thema, um das es geht, und wer die Kontaktperson ist. Termine kommen ja manchmal durch Vermittlung Dritter zustande. Auch Telefonnummern sind interessant.

	Jahr Monat Tag Stunde Minute		
TERMNR	4 1 0 2 3 0 9 3 0	9	Eine zusammenhängende Terminnummer
TAG	2 3	2	Tagesdatum
MONAT	1 0	2	Monat
ZEIT	0 9 3 0	4	Uhrzeit
WTAG$	M I T T W O C H	10	Name des Wochentages
ORT$	M U E N C H E N × ×	20	Wo?
PARTNER$	P E T E R M A Y E R × ×	20	Mit wem?
ADRESSE$	W I E I M M E R × ×	20	Wo trifft man sich?
THEMA$	P L A N U N G S O M M E R F E R I E N	20	Um was geht es?
KONTAKT$	P . M A Y E R × ×	15	Kontaktperson
TELEFON	0 8 9 – 7 4 2 9 8 3 ×	15	Telefonnummer

Datenbestand: KALENDE
Datensatz: TERMIN

Wieviel Termine kann man speichern?
Wir brauchen für die Speicherung eines Termins nach unserem Satzschema 137 Zeichen. Wenn unser Computer auf seiner Diskette Sektoren mit 512 Zeichen speichert, passen drei Termine in einen Block (denn 3 × 137 ist 411); 101 Zeichen werden verschenkt.
Wenn der Computer noch 101 Zeichen vom vierten Satz in den Block packt und für den Rest einen neuen Block nimmt, wird zwar Platz gespart, aber man muß dann für jeden vierten Satz zwei Blöcke lesen. Das kostet Zeit.
Wie wäre es, wenn Sie neun Zeichen einsparten, um auf eine Satzlänge von 128 Zeichen zu kommen? Dann machen exakt vier Sätze einen Block.

Der Datensatz zum Termin
Unser Bild zeigt den Datensatz, der uns vorschwebt. Links stehen Namen, die man im Programm verwenden kann, rechts stehen die Feldlänge und dann ein kurzes Wort, mit dem der Feldinhalt charakterisiert werden soll. Endet der Feldname mit $, dann ist es ein alphanumerisches Feld.
Zählt man alle Felder zusammen, so kommt man auf eine einheitliche Satzlänge von 137 Zeichen.

Wir brauchen ein Formular

Beim Terminkalender muß man die Daten für jeden einzelnen Termin heranschaffen. Rechts sehen Sie, wie ein Formular dafür aussehen könnte. Es muß dem Benutzer und auch dem Computer gefallen. Man muß es gerne ausfüllen und gerne eintippen. Eintragen sollte man nur das, was der Computer nicht selbst ausrechnen kann. Die Terminnummer – den Schlüsselwert – kann er selbst bestimmen, wenn er Jahr, Tag, Monat und Uhrzeit hat. Auch den Wochentag kann er selbst errechnen, wie man von jedem besseren Taschenrechner weiß.

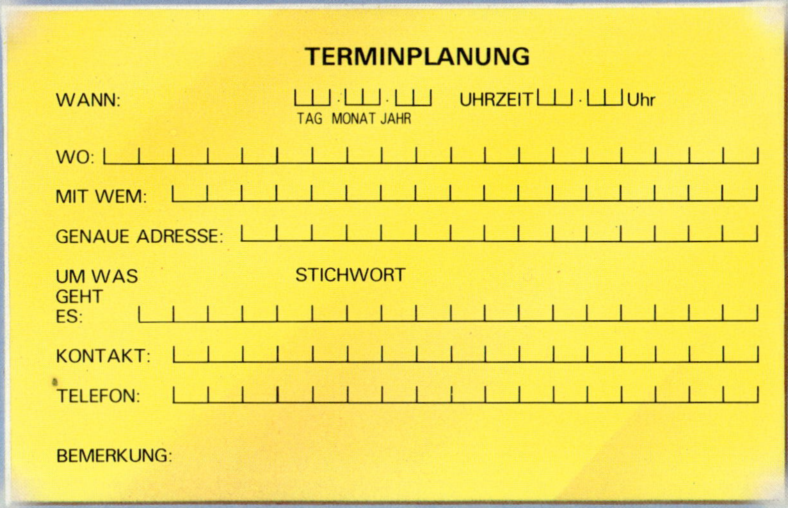
TERMINPLANUNG

WANN: __.__.__ (TAG MONAT JAHR) UHRZEIT __.__ Uhr

WO:

MIT WEM:

GENAUE ADRESSE:

UM WAS GEHT ES: STICHWORT

KONTAKT:

TELEFON:

BEMERKUNG:

Der wahlfreie Terminbestand

Bei einem Terminbestand, der wahlfrei organisiert ist, können die Schlüsselwerte kunterbunt gemischt sein. Natürlich kann man sie auch in sortierter Reihenfolge – etwa vom ersten Januar bis zum 31. Dezember – angeben. Dann erscheinen die Termine in fortlaufender Reihenfolge; das wäre die fortlaufende Verarbeitung eines wahlfrei gespeicherten Bestandes. Man hat also beim wahlfreien Speichern zwei Zugriffsmöglichkeiten. Deshalb ist es so beliebt. Bei Kassetten kann man nur fortlaufend arbeiten. Man wird also den Terminbestand auf einer Diskette speichern, damit er wahlfrei angelegt und sowohl wahlfrei als auch fortlaufend verarbeitet werden kann.

Das muß der Terminbestand können:

* Er muß so aufgebaut sein, daß er dem Kalender folgt.
* Man muß schnell eine Kalenderübersicht erstellen können.
* Der Schlüssel für den Terminkalender geht vom Jahr zur Minute.
* Wenn man einen bestimmten Termin haben will, muß man direkt in den Terminbestand hineingreifen können.
* Man muß neue Termine einfügen können – dorthin, wo sie im Sinne des Schlüssels gehören.
* Man muß Termine löschen können.
* Termindaten muß man auch feldweise ändern können.

Der Datenbestand für Termine

Bei der Diskette, die wir noch genauer betrachten werden, hat jedes gespeicherte Datenelement eine »Adresse«. Man nennt dem Computer den Schlüsselwert; damit besorgt er aus einer Tabelle die Adresse für das Datenelement und findet dort dieses selbst. Man ist damit unabhängig von der Reihenfolge, in der die Datenelemente gespeichert sind, und kann sie trotzdem in dieser Reihenfolge fassen, wenn man nur eine Schlüsselnummer nach der andern verarbeitet. Diese Bestandsverarbeitung, bei der jedes Datenelement ein Individuum mit eigener Adresse ist, nennt man »wahlfrei«. Man spricht von »direktem Zugriff«. Das amerikanische Fachwort heißt »Random Access«, »willkürlicher Zugriff«.

Die BASIC-Ecke

GOSUB – ein Unterprogramm

Programmteile, die man immer wieder braucht, wiederholt man nicht stumpfsinnig. Man macht aus ihnen ein Unterprogramm. Schreibt man in BASIC

125 GOSUB 350

so wird nach 350 verzweigt, wenn Befehl 125 ansteht. Dort steht dann das Unterprogramm. Der letzte auszuführende Befehl im Unterprogramm heißt RETURN. Er besorgt den Rücksprung auf den Befehl, der im Hauptprogramm auf GOSUB folgt. Wo man in einem Programm mit GOSUB 10 das Programm rechts aufruft, verlangt es Jahr, Monat und Tag. Es liefert von Montag bis Sonntag eine Ziffer zwischen 0 und 6. Außerdem druckt es den dazugehörigen Namen des Wochentages. Man verwendet dieses Unterprogramm etwa so, daß man den Befehl 87 durch 80 RETURN ersetzt sowie 85 und 86 wegläßt, ebenso wie die Befehle zwischen 100 und 160. Außerdem ersetzt man den Befehl 10 gegebenenfalls durch eine Zuweisung im Hauptprogramm. In U steht dann die Wochentagskennzahl. Der Befehl INT macht aus Dezimalzahlen ganze Zahlen, indem er alles hinter dem Dezimalpunkt wegläßt.

Das Kalender-Unterprogramm

```
 10  INPUT ''JAHR MONAT TAG ?'',J,M,T
 20  IF M–3 > =0 LET M=M+1 : GOTO 50
 30  M=M+13
 40  J=J–1
 50  N=(INT(=(365.25*J)+INT(30.6*M+T–621049
 60  N=N–1
 70  U=U–INT(N/7)*7
 85  PRINT U
 86  N=(U*10)+100
 87  GOTO N            (RETURN)
100  PRINT ''MONTAG'' : END
110  PRINT ''DIENSTAG'' : END
120  PRINT ''MITTWOCH'' : END
130  PRINT ''DONNERSTAG'' : END
140  PRINT ''FREITAG'' : END
150  PRINT ''SAMSTAG'' : END
160  PRINT ''SONNTAG'' : END
```

Wir speichern auf Disketten

Die Diskette ist ein bewährtes Speichermedium für Daten aller Art: Eine Art von dünner, kleiner Schallplatte – aber nicht mit Rillen, sondern mit dem gleichen magnetisierbaren Material wie beim Kassetten-Band. Disketten zeichnen sich dadurch aus, daß man den verfügbaren Speicherraum fest einteilen kann. Für jeden Satz gibt es eine Adresse. In einer sogenannten Indextabelle speichert man für jeden Hauptschlüssel im Satz dessen Diskettenadresse. Dann kann man in dieser Tabelle für jeden Schlüsselwert die Adresse suchen. Man ist dabei an keine Reihenfolge gebunden. Deshalb nennt man diesen Zugriff wahlfrei oder gestreut. Man kann aber auch in der Reihenfolge der Schlüsselwerte mit der Tabelle arbeiten – fortlaufend. Deshalb sind Disketten so praktisch: Man kann sie in einem Programm fortlaufend, im nächsten gestreut benutzen.

Was ist eine Diskette?
Es ist eine auswechselbare runde Scheibe. Ihre Oberfläche trägt eine magnetisierbare Schicht. Die kann man punktförmig magnetisieren und damit Stromstöße speichern. Lesen und Schreiben besorgt ein Magnetkopf – wie beim Tonband. Er wird von der Elektronik gesteuert und ist von innen nach außen beweglich. Wo er gerade steht, beschreibt die Scheibe unter ihm einen Kreis, eine »Spur«. Eine Kleindiskette mit 5,25 Zoll (13,3 cm) Durchmesser hat auf einer Seite 40 Spuren und kann 160 000 Zeichen speichern. Man kann den Magnetkopf auf jede Spur einstellen.

Disketten haben Adressen
Jede Spur auf der Diskette hat eine Adresse. Je nach Befehl kann der Kopf diese Spur lesen oder beschreiben. Meist passen in eine Spur mehrere Datensätze. Dann hat jeder Satz in der Spur seine Hausnummer.

Es gibt auch Magnetplatten
Die große Schwester der Diskette heißt »Magnetplatte«. Sie besteht aus einer Aluminiumscheibe, die mit einer magnetisierbaren Schicht belegt ist. Bei kleinen Computern kann man Magnetplatten oft nicht auswechseln; es sind Festplatten. Platten sind stabiler, zuverlässiger, aber auch teurer als Disketten. Und sie können etwa 10 Millionen Zeichen speichern.

Schnell wird zugegriffen
Wenn der Computer von einer Diskette oder Platte einen Datensatz liest oder auf sie schreibt, dann sagt man, er »greift zu«. Die Zeit, die er braucht, um einen Datensatz zu beschaffen, wenn die Adresse bekannt ist, nennt man »Zugriffszeit«. Um von einer Spur zur andern zu springen, braucht der Lese-Schreib-Kopf einer Kleindiskette nur sechs Millisekunden. Festplatten haben eine Zugriffszeit von 90 Millisekunden.

Was ist ein Index?
Wenn man beim wahlfreien Zugriff einen Satz lesen will, muß man seine Adresse kennen. In einer Tabelle steht für jeden Schlüsselwert die Adresse des Satzes. Die Tabelleneintragung
Schlüsselwert : = : Satzadresse
nennt man einen »Index«. Das ist das lateinische Wort für »Zeiger« oder »Anzeiger«. Der Index zeigt vom Schlüsselwert über die Satzadresse zum Satz. Die Tabelle selbst heißt Index- oder Zeigertabelle.

Suchen in Indextabellen
Beim Disketten-Betrieb muß man Indizes (das ist die Mehrzahl von Index) in Indextabellen aufsuchen. Dazu gibt es spezielle Suchprogramme, die auf maximale Geschwindigkeit dressiert sind. In der ersten Spalte der Tabelle stehen die Satznummern, daneben in der nächsten Spalte die Adressen für die Diskette. Die bekommt der Computer; damit beschafft er den Satz. Es ist eine Kunst, gute Suchprogramme zu schreiben.

Das ist ein Index							
Terminnummer					Satzadresse		
4	07	23	10	15	28	03	02
Jahr	Monat	Tag	Stunde	Min.	Spur	Sekt.	Satz

er indizierte Bestand
Venn der Terminbestand auf ner Diskette eine Indextabelle ir seinen Terminschlüssel sowie ir die dazugehörigen Adressen at – dann nennt man den estand »indiziert«. Oder »index-equentiell organisiert«.
nmer wenn man zum indizierten estand zugreift – wenn man est oder schreibt, fortlaufend der gestreut – braucht man ie Indextabelle.
ort, wo man die Indextabelle elbst erstellen muß, wie das ei vielen BASIC-Dialekten ver-ngt wird (und wie es im Hand-uch beschrieben ist) – dann ekommt man für jeden PUT-efehl eine Satznummer. Aus r kann der Computer die eräteadresse für den Satz stlegen. In der BASIC-Ecke aben wir sie N genannt. Dieses muß man, zusammen mit der atznummer, in einer Tabelle sthalten.

er wahlfreie Zugriff
ber INPUT kann ein Programm nen Termin anfordern: Jahr-Ionat-Tag-Uhrzeit. Daraus acht das Programm eine kor-kte Terminnummer, wie wir as beim Terminkalender gesehen aben. Mit dieser Nummer egibt man sich in ein Unterpro-ramm, das dazu in der Indextafel die Satznummer sucht. Das ist unser N in der BASIC-Ecke. Der Name dieser Satznummer – unser N – kommt im GET oder READ vor (oder wie der Befehl sonst heißt). Damit kann der Datensatz beschafft und im Programm verwertet werden.

Der fortlaufende Zugriff
Wenn man einen indizierten Bestand fortlaufend verarbeitet, also Satz um Satz lesen will, muß man dem Zugriffsbefehl fortlaufende Satznummern anbieten. Die findet man in der Indextabelle, wenn man dort einen Zeiger nach dem andern holt – in der Reihenfolge der Schlüsselwerte. Wenn man, was sehr empfehlenswert ist, die Indextabelle nach den Schlüsselwerten sortiert hat, ist die Reihenfolge der Schlüsselwerte immer auch die Reihenfolge der Sätze. Wenn nicht, muß man die Indextabelle nach den Schlüsselwerten sortiert verarbeiten.

Die indizierte Bestandsveränderung
Will man in einem Datensatz eines indizierten Bestandes Felder ändern, dann greift man gestreut (wahlfrei) zu, verändert die entsprechenden Felder und schreibt sie gestreut zurück. Vom Zugreifen her hat man fürs Zurückschreiben die zugehörige Satznummer oder Adresse. Schwieriger wird es, wenn man zusätzliche Sätze einfügen oder andere löschen will. Dabei muß man dann auch die Indextabelle haargenau so verändern wie den Bestand. Solche Veränderungen macht man meist so, daß man den alten Bestand zu einem neuen fortschreibt. Man überträgt also von einer Diskette auf eine zweite. Sonst kommt man in recht komplizierte Techniken hinein, die unseren Rahmen übersteigen.

Das Formatieren
Manche Disketten und Platten muß man, bevor man sie beschreiben kann, in feste Blocklängen oder Sektoren einteilen. Man muß dazu aus der Spur gleichlange Blöcke oder Sektoren machen, die meist die Länge von Sätzen haben. Dazu liefert der Hersteller spezielle Programme. Sie gehören zum sogenannten Betriebssystem. Diesen Programmen gibt man die Satz- und Blocklängen an, teilt ihnen vielleicht auch mit, wie lang die Schlüssel sind und wie diese heißen. Formatierungsprogramme gehören zu den Hilfsprogrammen. Englisch heißen sie »Utilities«.

Die BASIC-Ecke

Der indizierte Zugriff
Wenn Sie bei Ihrem Computer mit Disketten umgehen wollen, müssen Sie zwei Handbücher lesen – das für den Computer und das für BASIC. Denn hier unterscheiden sich die einzelnen BASIC-Dialekte ganz besonders. Ein OPEN gibt es allerdings bei jedem Dialekt. Ferner muß jedes System wissen, wie der Bestand heißt (TERMINE), auf welchem Diskettenlaufwerk er sitzt (ADISK) und wie das Feld für die Satznummer heißt (N). Manchmal wird auch die Satzlänge verlangt. Am Anfang des Programmes steht also:

```
10 OPEN TERMINE, ADISK,
      N, RECL = 137
```

Was in N stehen muß, hängt von der Maschine und vom BASIC-Dialekt ab.
Am Ende des Programmes kommt ein CLOSE, bei dem meist nur der Bestandsname (TERMINE) steht.

Schreiben oder PUT
Ein Schreibbefehl für einen indizierten Bestand könnte in BASIC so aussehen:

```
235 PUT TERMINE, N; Feld-
        namen
```

In N steht eine Satznummer oder eine Satzadresse. Ist PUT durchgeführt, so steht nachher in N die um 1 erhöhte Satznummer oder die nächstfolgende Satzadresse – je nach BASIC-Dialekt.
Will man fortlaufend arbeiten, so setzt man N auf den niedersten Wert (Satznummer oder -adresse) und ruft dann immer wieder PUT auf. Beim gestreuten Arbeiten sucht man aus der Indextabelle die Satznummer oder Satzadresse für den Schlüsselwert, um den es gerade geht, speichert ihn unter N und gibt PUT. Dann kommt der nächste Schlüsselwert.
Baut man einen indizierten Bestand auf, dann verfährt man fortlaufend so und speichert vor jedem PUT den Schlüsselwert sowie N in einer Tabelle.

Lesen oder GET
Lesen funktioniert wie Schreiben – nur hat man ein anderes Befehlswort: zum Beispiel GET statt PUT. Manche Systeme arbeiten auch mit READ und WRITE.

Eine Bibliothek für Programme

Fertig ausgetestete Programme, die genau das tun, was man von ihnen will, sind etwas Kostbares. Meist hat man ja auch in kleinere Programme einiges an Zeit investiert. Es ist deshalb zweckmäßig, solche Programme auf Disketten oder Kassetten zu speichern, damit man sie nicht jedesmal wieder von neuem eintippen muß.

Programme, die man so auf Datenträgern speichert, bilden eine Programmbibliothek.

Eine Programmbibliothek hat nur dann Sinn, wenn man für jedes gespeicherte Programm auch gute Aufzeichnungen hat, die beschreiben, was da gespeichert ist. Das nennt man eine Programmdokumentation.

Schlüssel: der Programmname
Eine Programmbibliothek braucht, wie jeder andere Bestand, einen Schlüssel. Nur so kann man das Programm auf dem für das Auge unlesbaren Datenträger wieder finden. Der Schlüssel für ein Programm ist der Programmname. Für dessen Vergabe gibt es in jedem System Regeln, auch in BASIC. Da besteht der Name aus maximal acht Zeichen; dann kann ein Punkt kommen. Darauf folgen drei Zeichen für die Namenserweiterung. Daraus kann man ein System machen, um seine Programme sauber zu kennzeichnen. Das ist wichtig, wenn man mehrere Kassetten oder Disketten voller Programme hat. Programme, die zusammengehören, speichert man zweckmäßigerweise auf einem gemeinsamen Datenträger.

Sprechende Schlüssel
Es ist nicht leicht, Schlüssel oder Namen zu erfinden, die so verständlich sind, daß man sie direkt lesen kann. Es wird noch schwerer, wenn man dazu nur elf Zeichen hat wie bei BASIC. Man muß sich etwas einfallen lassen.
Etwa so: die ersten zwei Zeichen stehen für den Programmbereich. Mit einem Minuszeichen sorgt man für Trennung und Lesbarkeit. HA- kann für »Haushaltsprogramme« stehen. Dann kommt der allgemeine Name und nach dem Punkt die spezielle Bezeichnung fürs Programm:
HA-TERMIN.001 Bestand eröffnen
HA-TERMIN.005 Kalender abfragen
und so fort. Auf dem Umschlag für die Diskette oder auf der Kassettenschachtel kann man einen Kleber anbringen – mit HA oder mit HA-TERMIN.

Bemerkungen im Programm
In fast allen Programmiersprachen kann man Blindbefehle eingeben: Eine Zeile zwischen Befehlen, die selbst kein Befehl ist, sondern eine Bemerkung zum besseren Verständnis enthält. In BASIC schreibt man für diesen Fall nach der Befehlsnummer das Wort REM. Nach einem Zwischenraum darf dann ein beliebiger Text kommen: ein Kommentar. (REM ist die Abkürzung für »remark«, dem englischen Wort für »Bemerkung«.)
In einer Programmbibliothek sollte kein Programm gespeichert sein, das nicht zu Anfang in mehreren REM-Zeilen sagt, was es darstellt.

Sichern oder SAVE
Das Speichern von Programmen auf einer Kassette oder Diskette nennt man »sichern«. Das englische Wort dafür heißt SAVE. Verwendet man eine Kassette, so muß – etwa mit Hilfe des Bandzählers – das Band erst hinter dem letzten geschriebenen Block vorgespult werden. Sonst wird bereits Gespeichertes überschrieben. (Bei der Kassette werden auch Programme fortlaufend gespeichert.)
Anders bei der Diskette. Hier wird für Programmname und dazugehörige Adresse eine Art Indextabelle erstellt: das Adreßbuch (englisch: »directory«). Es wird ebenfalls auf der Diskette gespeichert.
Das Kommando SAVE gibt man zusammen mit dem Programmnamen über die Tastatur ein. Den Rest besorgt der Computer.

Laden oder LOAD
Man entnimmt die Programme aus der Bibliothek in den Computer, indem man sie von der Kassette oder Diskette in den Arbeitsspeicher lädt. Das englische Wort dafür heißt

LOAD. Auch dies geschieht mit der Tastatur. Kassetten stellt man meist auf den Anfang und gibt einen LOAD-Befehl, der den Programmnamen enthält. Das Gerät spult dann die Kassette so lange vor, bis das Programm mit dem gewünschten Namen kommt. Das wird dann gelesen. Bei der Diskette hilft die Indextabelle als Adreßbuch. Man gibt den Programmnamen ein; im Adreßbuch findet der Computer die Diskettenadresse.

Die Programmdokumentation
Zu einer Programmbibliothek gehört eine gute Dokumentation über den Inhalt. Die Dokumentation hilft, daß man mit einem in der Bibliothek gespeicherten Programm noch nach langer Zeit umgehen kann. Sie hält das Programm am Leben.
Eine gute Dokumentation umfaßt viele Informationen:

- Ein gut lesbares **Programm** mit Kommentaren (REM), sprechenden Namen für die Daten und einer guten Programmgliederung.
- **Anweisungen,** wie man das Programm zum Laufen bringt.
- **Testdaten.** Das sind Daten, die man eingeben kann, und Aufzeichnungen, was das Programm daraus macht.
- Eine verbale **Beschreibung,** was das Programm kann und soll.
- Eine **Liste aller Daten,** die im Programm vorkommen,

– mit genauen Angaben über das, was sie bedeuten.

Eine Datei für Dokumente
Auch Daten, die zu einem Programm gehören und es dokumentieren, kann man speichern. So entsteht eine Auskunftsdatei für die gespeicherten Programme. Allerdings wird das zum Problem, wenn man es mit mehreren Disketten zu tun hat.
Man kann übrigens ein BASIC-Programm auch verwenden, um dort nur REM-Befehle zu schreiben. Dann besteht es aus reinem Text. Aber wahrscheinlich hat Ihr Computer bessere Einrichtungen, Text zum Zweck der reinen Dokumentation zu speichern.

Die Pflege der Bibliothek
Bisher haben wir Programme in die Bibliothek eingestellt. Zur Pflege einer Bibliothek gehört aber auch, daß man welche entfernt. Deshalb gibt es Kommandos, die diese Pflicht erfüllen. Sie heißen DELETE oder KILL: »Löschen« oder »töten«. Mit solchen Befehlen oder Kommandos geht man besser vorsichtig um. Was weg ist, ist weg!

Wie schützt man Programme?
Die meisten größeren Systeme verfügen über eine Einrichtung, mit der man Programme vor Neugierigen schützt. Man schreibt
SAVE TERMDAT, P
Damit ist das gespeicherte Programm TERMDAT unter besonderen Schutz gestellt. Man kann P-Programme immer wieder laden und laufen lassen, aber man kann sie weder mit LIST auflisten noch mit EDIT oder ähnlichen Befehlen oder Kommandos ändern oder kopieren. Man kann sie nur benutzen. Den Schutz kann man auch nicht mehr aufheben. P kommt vom englischen Wort »protect« – zu deutsch »schützen«.

Ein neuer Name
Manches Programm will man umtaufen. Bei Disketten ist das einfach. Hier muß nur das Adreßbuch geändert werden. Man tippt ein:
NAME DATEI1 AS DATEI2
und verpaßt damit der Diskettendatei DATEI1 den neuen Namen DATEI2. Bei Kassetten ist es schwieriger. Hier muß man das Handbuch bemühen.

Die BASIC-Ecke

SAVE und LOAD
Hier sind die wichtigsten BASIC-Befehle für den Umgang mit Programmbibliotheken. Prüfen Sie, wie sich diese Kommandos bei Ihrem Computer darstellen!

SAVE DATEI (P)	Datei sichern, gegebenenfalls geschützt (P).
LOAD DATEI	Datei in den Hauptspeicher laden.
RUN DATEI	Datei in den Speicher laden und sofort zum Laufen bringen.
MERGE DATEI	DATEI wird mit der im Speicher befindlichen Datei in der Reihenfolge der Befehlsnummern gemischt.

Bemerkungen mit REM
Der REM-Befehl ist wichtig für die Lesbarkeit von Programmen und damit für gute Dokumentation. Man schreibt eine Befehlsnummer und dann das Befehlswort REM. Es folgt ein Zwischenraum und dann ein beliebiges Literal, das so lang sein darf wie in der Zeile noch Platz ist:
950 REM HIER ENDET DAS PROGRAMM IM NORMALFALL
Bei der Durchführung des Programmes wird REM vom Computer einfach ignoriert.

Der saubere Speicher
Will man, etwa beim Programmieren, ganz von vorne beginnen oder sonst sicher sein, daß man einen sauberen Speicher hat, gibt man das Kommando NEW (ENTER). So hat man im Bereich der Befehle einen auf null gesetzten Speicher. Entsprechend löscht CLEAR alle Datenspeicher.

Chaos in der Tiefkühltruhe

Der Kalender ist der Musterfall für etwas sehr schön Geordnetes. Dafür sorgt das Datum. In einer Tiefkühltruhe sieht es anders aus. Da herrscht ein ständiges Kommen und Gehen, auch wird immer wieder hin- und hergepackt. Ein Schlüssel macht Probleme; man lagert zu viele unterschiedliche Dinge ein.
Solche Lagerprobleme hat man häufig. Oft hilft man sich so, daß man auf einen sprechenden Schlüssel verzichtet und mit fortlaufenden Nummern arbeitet. Diese Nummern muß man durch den Computer verwalten lassen. Wegen des ständigen Hin und Her, Raus und Rein führt man den Bestand gestreut.
Bei den großen Lagern im Handel und in der Industrie läßt man den Computer auch den Lagerplatz verwalten. Er weiß dann, wo was gespeichert ist und wo noch Platz frei ist.

Das ist unser Tiefgekühltes
Nehmen wir statt der Kühltruhe einen Tiefkühlschrank. Der hat zehn Schubladen. Auf Ordnung nach Schubladen wird verzichtet; was eingelagert werden muß, kommt dorthin, wo Platz ist.
Da der Computer später den Inhalt der Schubladen verwaltet und uns sagt, in welcher Lade wir was finden, ist es streng verboten, Eingelagertes von einer Schublade in eine andere zu packen. Auf jedes einzufrierende Päckchen kommt ein Aufkleber. Auf ihm stehen die Schubladennummer und – deutlich getrennt davon – die Nummer für den Artikel im Bestand. Diese Nummer liefert der Computer.

Ein sprechender Schlüssel
Eine fortlaufende Numerierung kann man nicht lesen; ein solcher Schlüssel spricht nicht. Ein sprechender Schlüssel für die Tiefkühltruhe müßte die Schubladennummer enthalten, aber man sollte auch erkennen, um was es sich handelt: Fleisch, Gemüse, Obst, Fertiggerichte oder was sonst. Beim Fleisch müßte man noch unterscheiden nach der Herkunft, bei Gemüse und Obst nach der Art.
Besser ist die Idee, im Kühldatenbestand ein Dutzend Felder mitzuführen, in die man in Klarschrift alles Wissenswerte eintragen kann. Der Computer druckt dann in regelmäßigen Abständen eine Liste aller Artikel. Sie kommt an die Tür des Tiefkühlschranks. Mit ihr wird gearbeitet.

Die Tiefkühlliste
Ganz früher hatte man auch bei großen Lagern für jeden Artikel eine unhandliche Kartei. Die wird heute im Computer gespeichert und auf dem Bildschirm betrachtet.
Unsere Liste enthält für die im Kälteschlaf liegenden Lebensmittel je eine Zeile. Das gibt zwei oder drei Blätter. Man befestigt sie an der Tür des Schrankes. Wenn etwas herausgenommen wird, streicht man die Zeile. Wird etwas eingelagert, so nimmt man eine gestrichene oder neue Nummer und trägt von Hand nach. Das ist die Datenerfassung. Einmal im Monat überträgt man die Veränderungen auf den Computer und macht anschließend eine neue Liste. Natürlich kann man diese Liste auch nach Schubladen sortieren oder alphabetisch nach dem Artikel.

Die Artikelnummer

Man hält sie kurz. Drei Stellen reichen. Besonders raffiniert ist es, die Artikelnummer so lang zu machen wie die Diskettenadresse. Dann braucht man keine Indextabelle; man kann den Satz direkt über die Artikelnummer holen. Diese Methode heißt »Direktadressierung«; man sagt, der Satz sei »direkt adressiert«. Allerdings muß man dann auf der Diskette vorher formatieren und für jede mögliche Nummer oder Adresse einen Satz vorsehen.

Der direkte Zugriff

Wenn man die Artikelnummer auf dieselbe Länge bringt wie die Adressen auf der Diskette, hat man einen besonders eleganten Weg, den Bestand zu organisieren. Da die Nummer direkt die Adresse ist, spricht man von »direktem Bestand« und von »direktem Zugriff«.

Die Adreßtabelle

Fast alle höheren Programmiersprachen kennen das Prinzip der Indizierung. Es kommt vor, daß man 150 gültige Artikelnummern hat, aber nicht direkt adressieren kann, weil die Adressen zu kompliziert sind. Dann macht man eine Tabelle – in BASIC mit DIM. Die Tabelle hat 150 Eintragungen. Bei uns heißt sie ADRTAB. Mit ADRTAB (1) bekommen Sie die erste Adresse. Mit ADRTAB (113) sind Sie bei Adresse 113, mit ARDTAB (N) bei der Adresse, deren Nummer unter N gespeichert ist. N ist ein Index – hier in Form der Artikelnummer – und ADRTAB eigentlich eine Indextabelle. Man kann direkt zugreifen oder sich systematisch von 1 bis 150 durch diese Tabelle arbeiten.

Die Tabelle für den Kühlschrank

Bei unserem Tiefkühl-Datenbestand verwalten wir mit einer Adreßtabelle die Artikelnummern und die dazugehörigen Adressen. Zuerst füllen wir aber die Tabelle 150mal mit dem Wert 999. (999 besagt, daß die entsprechende Artikelnummer nicht belegt ist.) Wenn wir nun eine Artikelnummer brauchen, suchen wir nach der ersten 999-Eintragung in der Tabelle. Die Satznummer wird in die Adreßtabelle eingetragen, so daß der dort stehende Wert 999 überschrieben wird. Die Liste für den Kühlschrank wird fortlaufend direkt erstellt. Alles andere kann direkt gestreut geschehen.

Der Datensatz zum Kühlschrank

Das Bild unten zeigt einen Datensatz für das Problem des Tiefkühlschrankes. Neben der Bedeutung des Feldes sind Namen vermerkt – teils mit $, um zu zeigen, wo es um Zahlen und um Text geht. Auch Vorschläge für die Feldlängen sind eingetragen.
Der Artikelcode ist eine zweistellige Ziffer. Man teilt dazu die Artikel, die man eingefroren hat, nach Arten ein. Schweinefleisch ist beispielsweise 11, Rindfleisch 12, Hammel 13. Was mit 2 beginnt, ist dann schon Obst. Damit kann man gezielt suchen, wenn man wissen will, ob noch Fleisch im Haus ist. Unter MENGE und MASS trägt man ein, wieviel da ist; MASS sind Gramm, Kilo, Liter oder Stück.
Datum der Einlagerung, Verfalldatum und Kaufpreis runden den Datenkranz ab.

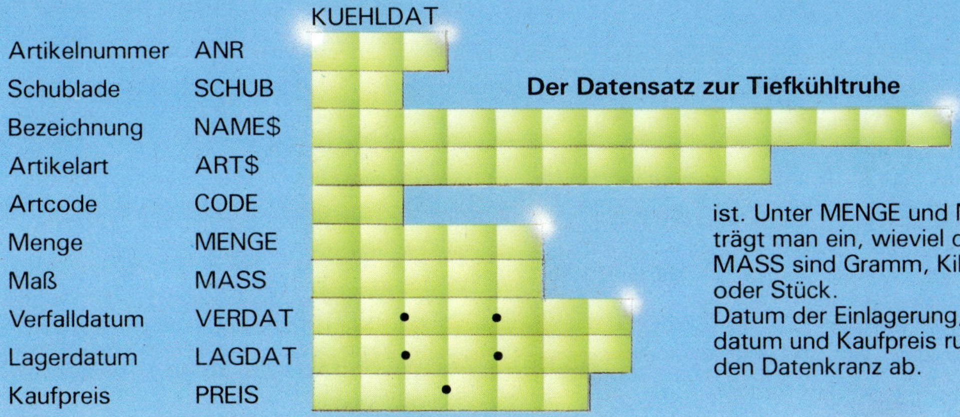

Die BASIC-Ecke

DIM für Tabellen

Das Befehlswort DIM steht am Anfang eines Programmes, etwa in der Form

```
15 DIM ADRTAB (150)
```

Die Eintragung reserviert Speicher für eine Adreßtabelle mit 150 Eintragungen. Im Programm darf man dann ADRTAB indiziert verwenden, mit einem Index zwischen 1 und 150.

Der Tabellenaufbau

Hier ist ein Programm, das die Adreßtabelle mit 150 Werten ›999‹ auffüllt. Achten Sie auf den Befehl DIM!

```
10  DIM ADRTAB (150)
20  FOR N = 1 TO 150
25  ADRTAB (N)=999
26  NEXT N
30  END
```

Das Drucken der Liste

Das folgende Programm holt für die Adressen in der Adreßtabelle ADRTAB (wenn dort kein 999 steht) einen Satz (GET) und verwendet dazu einen Satzzähler N, dessen Werte in ADRTAB stehen:

```
10  DIM ADRTAB (150)
20  FOR M = 1 TO 150
30  N = ADRTAB (M)
40  IF N = 999 GOTO 70
50  GET KUEHLBEST, N,
    KUEHLDAT
60  PRINT KUEHLDAT
70  NEXT M
```

Ein Garten voller Blumen

Alle Leute, die von irgendwelchen Dingen viel besitzen, haben auch Datenprobleme. Es wäre zu schön, wenn man den Computer fragen könnte, in welchem Diakasten das Bild steckt, auf dem Tante Emma die Brille in die Suppe gefallen war. Haushaltsdaten erweisen sich als sehr spröde, Hobbydaten erst recht. Man hat zwar meist keine großen Bestände, aber das Zeug, um das es geht, ist ungemein schwer zu klassifizieren. Man denke nur an das heimische Schallarchiv! Da sind zwar alle Songs vom Computer gespeichert, aber wer traut sich, einen sprechenden Sachschlüssel zu machen, nach dem man den Song findet, den die Galoppierenden Plattfüße im Rock-Stil der 70er Jahre auf der Lorelei geschmettert haben?

Die Planquadrate
Wenn man wissen will, wo Blumenzwiebeln im Garten vergraben sind, teilt man ihn in Planquadrate ein. Bei einem Garten 30 auf 40 Meter ergibt dies 1200 Stücke zu je einem Quadratmeter. In der einen Richtung numeriert man von 00 bis 49, in der andern von 50 bis 99 – wie auf dem Stadtplan. Wenn man dann jedes Grobquadrat noch in 10-Zentimeter-Quadrate zerstückelt, hat man folgenden Schlüssel:

xx·r/yy·s

xx und yy numerierten die Grobquadrate, das Ganze die Feinquadrate. Man hat innerhalb eines Grobquadrats 100 Stellen. Für jede quadratdezimetergroße Fundstelle kann man theoretisch einen Satz speichern. Wenn man das voll ausschöpft, hat man für den 30 mal 40 Meter großen Garten 120 000 Fundstellen und Datensätze. Das ist viel für einen Heimcomputer.

Der Blumensatz
Neben der Nummer für das Planquadrat speichert man die Pflanzenart. Ein weiteres Feld enthält den Namen der Pflanze. Dann kommt das Setzdatum, der Blühmonat oder die Blühwoche. Vielleicht speichert man in einem Feld Kennzeichen für Quadrate, die zusammen ein Beet bilden. Die Phantasie findet keine Grenze.

BLUMSATZ

QUAD	27.3-41.5	(6) Planquadrat
PFLANZ	784	(3) Pflanzenschlüssel
NAM$	ROSA CANENSIS	(15) Name
DAT	00.04.81	(6) Pflanzdatum
	30	(2) Blühwoche
BEET	00	(2) Beetschlüssel
DAT1	000384	(6)
KOM$	SCHNEIDEN	(10)
DAT2	000684	(6)
KOM2$	DUENGEN	(10)
DAT3	000984	(6)
KOM3$	SCHNEIDEN	(10)
DAT4	001184	(6)
KOM4$	ABDECKEN	(10)

(6) 4 Datumfelder
(10) 4 Kommentarfelder

Satzlänge: 98 Stellen

Viele bunte Briefmarken

Der Bestand
Briefmarken sind ein gutes Objekt für einen Hobby-Bestand. In den Katalogen für Briefmarken findet man meist fortlaufende Nummern innerhalb geografisch orientierter Sammelgebiete. Am besten nimmt man zunächst ein dreistelliges Länderkennzeichen in Buchstabenform: BRD, USA oder FRA. Dann setzt man vier Ziffern und noch einen Buchstaben für Abweichungen.

Der Briefmarkensatz
Was man in den Satz aufnehmen will, schreibt man weitgehend aus dem Katalog ab. Bei der Briefmarkennummer bezeichnet die letzte Stelle eine Abweichung. Steht dort nichts (Blank), so handelt es sich um eine normale Marke. S sind die Daten für einen ganzen Satz: Ausgabedatum, Benennung, Auflagenhöhe, Farbe, Nennwert, Preis – und so weiter. Ist die Marke in Ordnung, gelten für die Qualität 100 %. Sonst sind es weniger.

BRIEFDAT

BMNR$	BRD.05 21.0	(8) Briefmarkennummer
DAT	28.09.66	(6) Ausgabedatum
TEX1$	WISSENSCHAFT	(15) Benennung
TEX2$	UND TECHNIK	(15) Benennung
AUFL	30.0	(3) Auflage in Millionen
FARB$	BUNT	(10) Farbe
NENNW	20	(4) Nennwert
PR1	.30	(6) Preis gestempelt
PR2	.30	(6) Preis frisch
FDC	.	(6) Ersttagstempel
MENGE	5	(3) Menge
QUAL	100.0	(4) Qualität in %

Ordnung im Weinkeller

Ein kleiner Bestand
Für Weinkenner ist jede Flasche ein Individuum. Wer 100 Flaschen hat, gilt schon als Großweinbesitzer. Der Datenbestand über private Weinflaschen ist also nicht besonders umfangreich. Man verfährt etwa so wie vorhin bei der Tiefkühltruhe, speichert die Daten im Direktzugriff und registriert Zu- sowie Abgang über eine Flaschenliste im Keller.

Daten vom Etikett
Der Datensatz für unsere Weinflasche ist groß geworden, weil wir kaum Zusatzschlüssel haben. Vielmehr erklären wir alles durch Klartext – so, wie er auf dem Etikett steht. Unser Satz ist also reich an lesbaren Informationen.

Die Weinnummer
Man kann sie auch »Zählnummer« nennen, denn sie spricht nicht und ist willkürlich zugeordnet.

Mit drei Ziffern kann man tausend Flaschen erfassen. Das ist viel Wein!
Die Nummer eignet sich zum direkten Zugriff, aber – weil sie nicht spricht – nicht zum Computer-Suchen. Dazu sind weitere Suchfelder vorgesehen.

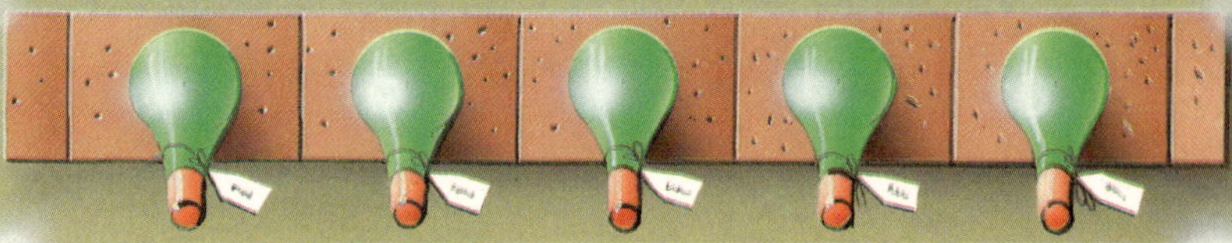

WEINDAT

WNR	214	(3) Weinnummer
TRB$	TROLLINGER	(10) Traube
JAHR	1980	(4) Jahrgang
LAND$	BAD-WTTBG	(15) Herkunftsland
GEB$	NECKAR	(15) Gebiet
ORT$	ESSLINGEN	(15) Ort
LAGE$	BURGBERG	(15) Lage
HERST$	METTINGEN	(15) Produzent
KOM$	LEICHT	(10) Kommentar
QUAL$	KABINETT	(15) Qualität
FLASCHE	0.70	(3) Inhalt (Ltr.)
KDAT	23.07.82	(6) Kaufdatum
MENGE	012	(3) Anzahl Flaschen (laufend)
KPREIS	8.99	(4) Kaufpreis
WO$	NANZ	(10) Wo gekauft

Das Schallarchiv zuhause

Es geht um ein Archiv, in dem Musikstücke gespeichert sind: Auf Langspielplatten, Singles und Tonbändern.
Wir speichern für jedes Musikstück einen Datensatz. Der ist so eingerichtet, daß man auch die Daten der Tonbänder und Platten aufnehmen kann. Denn die haben oft nur ein Thema. Weiterhin brauchen wir ein Kennzeichen für die verschiedenen Musikstile. So etwas findet man im Musiklexikon. Alle wesentlichen Stile zwischen Altgriechischem und Rock müssen zuerst einmal erfaßt sein, auch Bach und Mozart sollten nicht fehlen. Das Stilkennzeichen kann sprechend alphabetisch sein: BAR für BARock, ROC für ROCk. So kommt man mit drei Stellen aus.

Probleme mit der Liednummer
Der Liederbestand wird sicher groß bis sehr groß sein. So empfiehlt sich eine halbsprechende Nummer, wie wir sie bei den Briefmarken haben. Wir beginnen mit den drei sprechenden Buchstaben für den Stil. Dann kommen vier Ziffern für eine fortlaufende Nummer, deren Vergabe man verwalten muß.
Es folgt eine Stelle für Variationen desselben Stückes durch verschiedene Interpreten.
Der Musikbestand neigt zum Wachstum, weil man sich nie von Archivalien trennt. Dann muß man den Bestand alsbald teilen.

MSNR$	(8) Nummer Musikstück/Tonträger
STR$	(3) Stilnummer
VAR	(1) Varianten
TR$	(1) Tonträger (K=Kassette, L=LP, S=Single, B=Band)
KASSNR$	(8) Nummer Tonträger
STELLE	(3) Zähler/Stelle auf LP
TITEL$	(15) Liedtitel
KOMP$	(15) Komponist
TEXTR$	(15) Texter
PERF$	(15) Performer
ADAT	(6) Aufnahmedatum
ORCH$	(15) Orchester/Band
ORT$	(15) Aufnahmeort
KOM 1$	(15) Bemerkungen
KOM 2$	(15) Bemerkungen

Der Musiksatz
Oben sehen Sie einen Vorschlag, was man bei einem Musikstück oder einem Tonträger mit vielen Stücken speichern kann. Für die Stilart muß man eine Liste aller Möglichkeiten machen. Sie kann unsystematisch sein und braucht nur das zu enthalten, was einen selbst interessiert. Unter »Stelle« speichert man den Zählerstand, wo das Stück, dessen Nummer folgt, auf der Kassette beginnt.

Wir treiben Statistik

Manche Leute haben Freude an vielen Zahlen. Sie erfassen ihren Wasserverbrauch, die Stromkosten und den Ölverbrauch der Heizung. Wo immer sich ein Ereignis in eine Zahl fassen läßt, wird diese notiert. Solche Daten sind Meßwerte oder Meßdaten.
Auch die medizinische Forschung arbeitet viel mit Meßdaten. So findet sie Krankheiten als Abweichung vom Durchschnitt.

Das Wort »Durchschnitt« stammt von den Statistikern. Mit denen und ihrer Wissenschaft wollen wir uns auf diesen Seiten ein wenig befassen. Es geht darum, sichtbar zu machen, wie man den Heimcomputer auf Massendaten ansetzt. Mag sein, daß sich auch bei Ihnen ein Problem findet, das man statistisch lösen kann.

Wir erfassen Meßdaten
Viele Leute notieren ihren Benzinverbrauch. Sie haben dazu ein Büchlein, in das sie die Kilometerzahl eintragen, die getankte Benzinmenge, wann und wieviel sie bezahlt haben. So baut sich ein Datenbestand auf. Wichtig sind die drei Werte »Kilometer gefahren«, »Benzin getankt« und »Betrag bezahlt«. Man kann noch den Kilometerstand dazuschreiben. Damit hat man bereits einen kleinen Datensatz. Sein Schlüssel ist zweckmäßigerweise das Datum. Für Meßdaten braucht man eine saubere Erfassung, bei der möglichst nichts verloren geht. Am besten erfaßt man Meßdaten auf einem Formular.

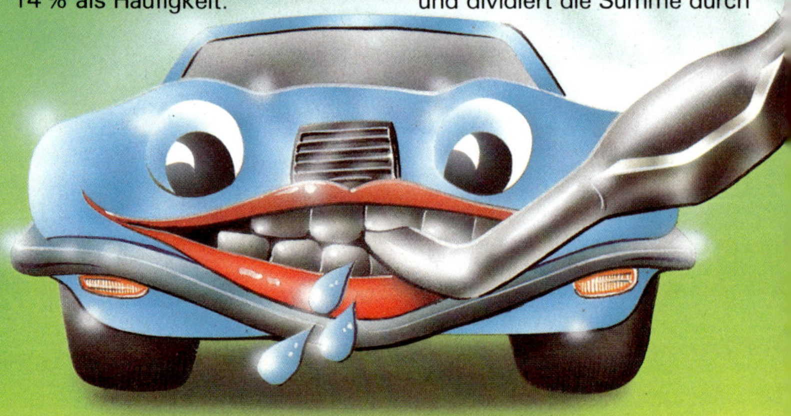

Durchschnitt und Häufigkeit
Wer viel Auto fährt, tankt jede Woche. Das ergibt im Jahr rund 50 Meßdatensätze. Viele Leute tragen zusätzlich ein, was herauskommt, wenn man den Benzinverbrauch durch die Kilometerzahl dividiert. So bekommen sie den Verbrauch je 100 Kilometer und wissen, was das Gefährt säuft. Sie wissen damit aber noch nicht, ob das viel oder wenig ist. Dazu brauchen sie Vergleichswerte. Zum Beispiel den durchschnittlichen Benzinverbrauch ihres Fahrzeugs. Dazu zählen sie alle Daten »Verbrauch je 100 Kilometer« zusammen und dividieren durch die Anzahl der Werte. Das liefert den Durchschnitt. Den kann man dann immer mit der neuesten Verbrauchsmessung vergleichen. Ist die Differenz groß, so stimmt etwas nicht.
Oft möchte man wissen, wie häufig etwas geschieht. Beim Würfeln mag die 3 unter 300 Würfen 42mal vorkommen. Ist das häufig? Man teilt 42 durch 300 und bekommt 0,14 oder 14 % als Häufigkeit.

Durchschnitt und Häufigkeit sind beim Vergleich ähnlich gelagerter Fälle wichtig. Sie machen die Meßdatei durchsichtiger.

Eine ernste Wissenschaft
Unser Leben wimmelt von Ereignissen, die durch Zahlen dargestellt werden. Deshalb ist der Umgang mit vielen Meßdaten zu einer Wissenschaft geworden: zur Statistik. Wichtigstes Werkzeug des Statistikers ist heute der Taschenrechner, bei großen Problemen der Computer.
Beim Würfeln besteht ein Ereignis nur aus der Augenzahl, die jedesmal auftritt. Beim Benzintanken sind es bereits drei bis vier Werte (Datum, Kilometer, Liter und D-Mark). Bei Meinungsumfragen ist es ein ausführlicher Fragebogen mit Dutzenden von Meßwerten. Durch Querfragen wird sichergestellt, daß beim Ausfüllen nicht gemogelt wurde.

Der Mittelwert
Zum Durchschnitt sagt man häufig »Mittelwert«. Man addiert alle Ereigniswerte einer Meßreihe und dividiert die Summe durch die Anzahl der Meßwerte. Für den Mittelwert schreibt man oft das Symbol $\bar{x}$ (lies: »x-quer«). Es kann durchaus sein, daß der Mittelwert selbst unter den Ereignissen gar nicht vorkommt: Wenn eine Schulklasse ein Durchschnittsalter von 10,5 Jahren hat, muß deshalb kein einzelner Schüler 10,5 Jahre alt sein.

Die Streuung

Die Streuung sagt, wie weit die Ereignisse einer Meßreihe durchschnittlich von ihrem gemeinsamen Mittelwert entfernt sind. Ein Mittelwert ist um so brauchbarer, je kleiner die dazugehörige Streuung ist.
Nach dem berühmten Mathematiker Gauß errechnet man die Streuung folgendermaßen: Man bildet für jeden Ereigniswert x die Differenz zu seinem Mittelwert $\bar{x}$, also $x-\bar{x}$: Jede dieser Differenzen multipliziert man mit sich selbst. Das ergibt $(x-\bar{x})^2$. Die Quadrate werden zusammengezählt, die sich ergebende Summe wird dividiert durch die um 1 verminderte Anzahl von Meßwerten. Aus dem Ergebnis zieht man die Wurzel und erhält so die Streuung (die man häufig mit s bezeichnet). Oben gibt es dafür ein Rechenbeispiel.
Für eine Meßdatei übernimmt der Computer diese Arbeit. Dazu schreibt man ihm ein kleines Programm, das die Meßdaten anfordert und alles andere erledigt.
Die Rechenformel von Gauß hat zwei Vorteile. Sie funktioniert, ob x nun größer oder kleiner als $\bar{x}$ ist. Auch werden größere Abweichungen stärker berücksichtigt als kleine.

Zwei Rechenbeispiele

An zwei Beispielen, die den selben Mittelwert haben, können Sie prüfen, wie das funktioniert. Sie beginnen damit, daß Sie alle acht Meßwerte vom Beispiel 1 links auf dem Papier in einer Spalte untereinander schreiben. Dann addieren Sie die Werte, schreiben die Summe hin und dividieren durch 7. Jetzt haben Sie den Mittelwert $\bar{x}$. In eine zweite Spalte schreiben Sie die Differenzen zum Mittelwert: $x-\bar{x}$. In einer dritten Spalte bilden Sie die Werte für $(x-\bar{x})^2$. Jetzt wird diese Spalte aufaddiert, das Ergebnis durch 6 dividiert. Dann wird die Wurzel gezogen. Damit haben Sie die Streuung s berechnet. (Man notiert auch die Zwischenergebnisse, damit man bei der Suche nach einem Rechenfehler weiß, was vonstatten ging.)
Das ganze nennt man ein Rechenschema. Beim Beispiel 2 mit der kleineren Streuung liegen die Werte dichter beieinander.

Beispiel 1:

x	$x-\bar{x}$	$(x-\bar{x})^2$
31	10	100
26	5	25
5	−16	256
28	7	49
34	13	169
14	− 7	49
9	12	144
Summe: 147		Summe: 792

$\bar{x} = 147 \div 7 = 21$

$s = \sqrt{792 \div 6} = \sqrt{132} = 11.5$

Beispiel 2:

x	$x-\bar{x}$	$(x-\bar{x})^2$
28		
26	7	49
9	5	25
28	−12	144
24	7	49
14	3	9
18	− 7	49
Summe: 147	− 3	9
		Summe: 334

$\bar{x} = 147 \div 7 = 21$

$s = \sqrt{334 \div 6} = \sqrt{55.6} = 7.5$

Stichproben

Zu kleine Stichproben sagen wenig oder liefern irreführende Ergebnisse – vor allem, wenn man Umfragen macht. Allzugroße Stichproben bringen Rechenaufwand, ohne das Ergebnis zu verbessern. Ein Problem bei Umfragen besteht darin, daß man die richtigen Leute findet. Wer nachmittags zwischen 4 und 5 Uhr Leute befragt, die aus einem großen Bürogebäude kommen, tut nur dann etwas Sinnvolles, wenn es ihm wirklich darum geht, nur die Angestellten dieser Firma zu interviewen.
Bei gut gemachten Stichproben, bei denen man die Leute oft zufällig aus dem Adreßbuch auswählt, reichen tausend Befragungen, um herauszubekommen, was alle Deutschen meinen. Wenn man jedem von tausend Leuten hundert Fragen stellt, bekommt man insgesamt rund 100 000 Antworten. Das will ausgewertet sein.

Die Wechselbeziehungen

Korrelation ist ein schönes Fremdwort und bedeutet »Wechselbeziehung«. Wenn man eine Stichprobe mit je zwei Ereigniswerten hat – etwa Außentemperatur und Ölverbrauch –, dann hängen diese beiden Werte vermutlich zusammen. Ein wichtiger Zweig der Statistik, die Korrelationsrechnung, befaßt sich damit, auszurechnen, ob Wechselbeziehungen sichtbar sind und wie sehr. Vielleicht gehört zu Ihrem Heimcomputer ein Paket mit Statistik-Programmen. Dort finden Sie mehr Information über Korrelationsanalysen und ihre Anwendung.

Das große Dateiprogramm

Zur Be- und Verarbeitung von Beständen gehört oft eine komplizierte Programm-Organisation. Wir zeigen hier ein Beispiel – aber nur das Wesentliche. Es ist eine Programmskizze, kein Programm.
Dabei geht es um folgendes: Eine Datei ALT soll im Fortschreibeverfahren so gepflegt werden, daß ein neuer Bestand entsteht. Der heißt NEU. ALT wird fortlaufend gelesen, ebenso wird NEU fortlaufend geschrieben. Dies kann auch indiziert oder direkt adressiert geschehen. Gepflegt wird aus einer Datei, die EIN heißt (wie EINGABE). Darauf stehen Datensätze mit Pflegeinformation. Auch EIN wird Satz um Satz, also fortlaufend, gelesen. Verbindendes Element, nach dem auch alle drei Dateien sortiert sind, ist ein Schlüssel S. Er heißt – je nachdem – S(ALT) oder S(NEU) oder S(EIN).
Wer keinen Spaß an so vielen Details hat, überblättert diese Seiten.

```
A   10  OPEN ALT, NEU, EIN
    11  REWIND EIN
    12  RESET ALT, NEU

B   20  GET EIN
    21  IF 'EOF' GOTO END(01)

C   30  GET ALT
    31  IF 'EOF' GOTO END(02)

D   100 IF S(ALT) > S(EIN) GOTO 300
    120 IF S(ALT) < S(EIN) GOTO 500

E   150 IF WAS=9 GOTO 20
    160 IF WAS=1 GOTO 200
     :
    190 PRINT 'FEHLER 190'
    191 END(99)

F   200 AENDERUNGEN AM GELESENEN
        SATZ VORNEHMEN

G   260 GET EIN
    261 IF 'EOF' GOTO END(03)
    270 GOTO 100

H   300 AUS DEN EIN-SATZDATEN WIRD EIN
        NEUER SATZ AUFGEBAUT,
        ABER NICHT IM ALT-BEREICH!
    390 PUT NEU (aus NEU)²
    399 GOTO 100

I   500 DA KEIN PASSENDER EIN-SATZ DA,
        WIRD DER ALT-SATZ GESCHRIEBEN
        ALS NEU AUS ALT
    510 PUT NEU (aus NEU)³
    520 GOTO 30
```

²) Dieser Befehl bezieht sich auf einen eigenen Ausgabebereich für neuerstellte Sätze
³) Dieser Befehl schreibt aus dem ALT-Bereich

Der Kommentar zur Skizze

A – Die Bestände werden eröffnet und auf den ersten Satz gesetzt.

B – Ein EIN-Satz wird gelesen.

C – Ein ALT-Satz wird gelesen.

D – Die drei Hauptfälle werden unterschieden und auseinandergesteuert. Ein neuer Satz entsteht in 300. Nicht gebrauchte ALT-Sätze werden ab 500 fortgeschrieben. Was übrigbleibt, ist Satzpflege und Löschen. Das geschieht ab 150.

E – Beim Pflegen ist WAS = 9 der Löschfall: ein neuer ALT-Satz und ein neuer EIN-Satz werden gelesen. In Abhängigkeit von WAS-Werten können verschiedene Pflegedienste programmiert werden. Falsche WAS-Werte stoppen das Programm.

F – In diesem Block wird je nach WAS der anstehende ALT-Satz mit Daten aus dem EIN-Satz verändert. Es dürfen mehrere EIN-Sätze mit demselben Schlüssel sein.

G – Ein neuer EIN-Satz ergibt einen neuen Fall.

H – Hier wird ein völlig neuer Satz gebaut.

I – In diesem Teil werden ALT-Sätze zu NEU-Sätzen. Das nennt man »Fortschreiben«.

Die drei Dateien
Welche Satzinhalte die Dateien haben, ist für unser Problem nicht so wichtig. Die drei heißen ALT, NEU und EIN; sie haben den gemeinsamen Schlüssel S. Alle drei Dateien sind nach diesem Schlüssel sortiert oder über Indizes geordnet. Wenn man liest, bekommt man also den jeweils nächsten Satz. Er hat einen höheren Schlüsselwert als der vorausgegangene; es müssen aber nicht alle denkbaren Schlüsselwerte auftreten.
ALT und NEU haben denselben Satzaufbau; der von EIN ist anders. Zu EIN gehört ein Änderungskennzeichen WAS. Hat es den Wert 9, so muß der Satz S(ALT) gelöscht werden. Er wird nicht nach NEU übernommen, sondern fällt einfach weg. Andere Werte für WAS sagen dem Programm, wie der Satzinhalt von ALT verändert werden soll.

Der erste Hauptfall:
S(ALT) = S(EIN)
Hier passen ein EIN-Satz und ein ALT-Satz zusammen. Sie haben denselben Schlüsselwert. Ist WAS gleich 9, so soll gelöscht werden. Das Programm schreibt den ALT-Satz nicht nach NEU, sondern holt den nächsten ALT-Satz und einen neuen EIN-Satz. Dies geschieht in Zweig 1.2 des Diagramms, bei Befehl 150 in der Programmskizze.
Ist WAS nicht gleich 9, so wird der ALT-Satz verändert. Das machen die Befehle ab 200 und der Diagrammzweig 1.1. Hier kann man für verschiedene WAS noch verschiedene Fälle unterbringen. Im Programm nicht vorgesehene WAS-Fälle führen auf ein Fehler-Ende (Befehle 190 und 191).
Nach der Veränderung des Satzes wird dann ein neues EIN gelesen. Dies kann sich aber noch auf denselben ALT-Satz beziehen! Geschrieben wird erst, wenn sich die Schlüsselwerte nicht mehr gleichen.

Der zweite Hauptfall:
S(ALT) ist kleiner als S(EIN)
Dies besagt, daß man beim Lesen der ALT-Sätze noch nicht dort ist, wo man hinwill. Also wird der anstehende Satz aus ALT (dessen Schlüsselwert wir gerade verglichen haben) in den Bestand NEU gegeben. Im Programm steht ›PUT NEU aus ALT‹, um klarzumachen, welcher Satz geschrieben werden soll. Dies ist Zweig 3 im Diagramm. In der Programmskizze sind es die Befehle zwischen 500 und 520.

Der dritte Hauptfall:
S(ALT) ist größer als S(EIN)
Das kann nur bedeuten, daß ein Satz mit der Nummer S(EIN) vor den gerade anstehenden ALT-Satz geschrieben werden soll. Also muß man den anstehenden ALT-Satz zurückstellen und einen neuen Satz aufbauen. Der wird nach NEU geschrieben. Die Daten dazu liefert der EIN-Satz.
Der neue Satz wird – wenn ein entsprechender EIN-Satz kommt – vielleicht noch einmal verändert. Darum darf er als neuer Satz nicht in dem Bereich aufgebaut werden, in dem man ihn als ALT-Satz gelesen hat. Deshalb steht in der Programmskizze ›PUT NEU aus NEU‹. Das sind die Befehle zwischen 500 und 520. Im Diagramm sind wir im Zweig 3.
Im Anschluß an das Schreiben wird ein neuer EIN-Satz gelesen. Und so geht es weiter.

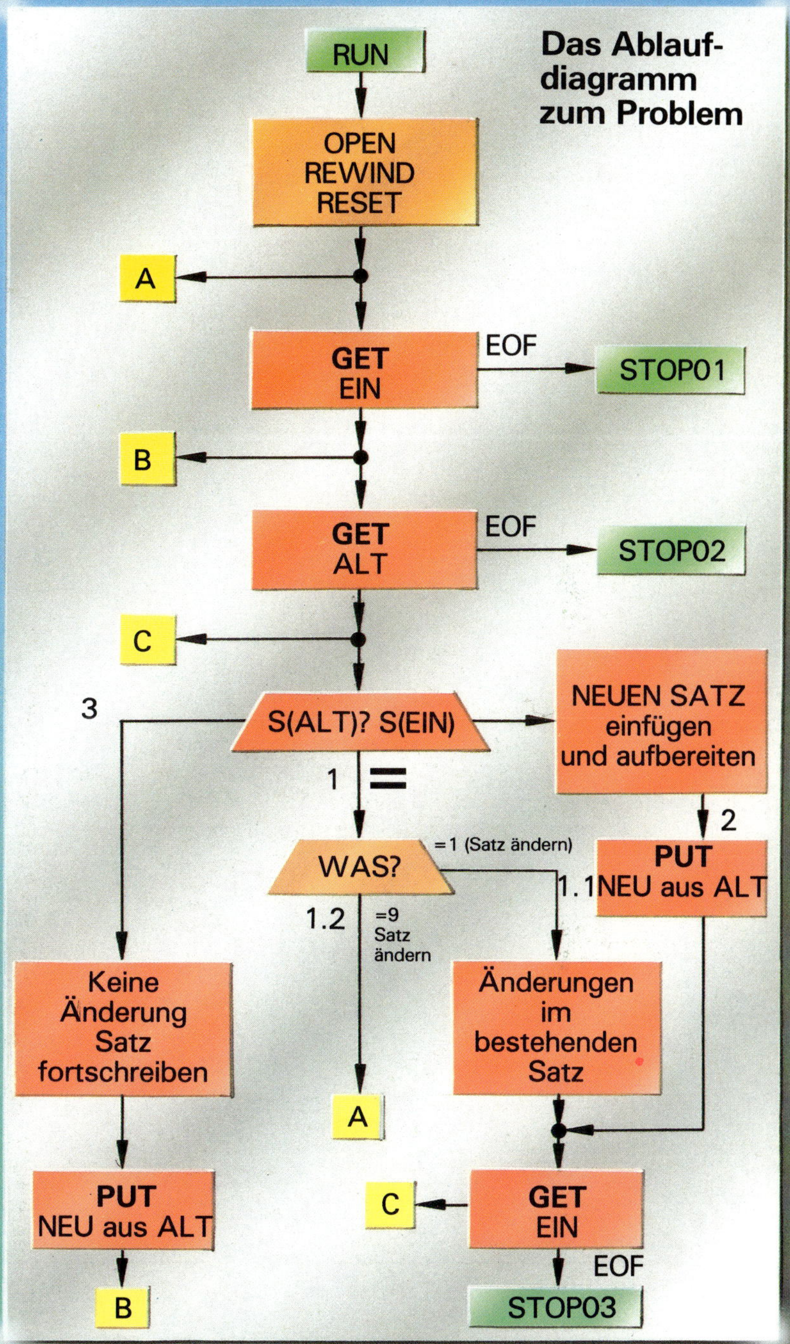

Was ist EOF?
Es heißt »**E**nd **O**f **F**ile«. Zu Deutsch: »Ende des Bestandes«.
Oft sieht man es dem letzten Satz gar nicht an, daß er das Letzte ist. Man gibt dann versehentlich noch ein GET. Manche BASIC-Dialekte sind so eingerichtet, daß sie für diesen Fall ein EOF einschalten. Fragt man im Programm »IF EOF ...«, so kann man diesen Fall erkennen.

Suchen und Sortieren

Dateien haben den Zweck, große Datenmengen so zu verwalten, daß man jedes Datenelement auch wieder findet. Nach dem Prinzip von Kraut und Rüben geht das nicht. Hier braucht man Ordnung. Im fortlaufenden Bestand, wie er auf Kassetten festgehalten wird, kommt die Ordnung von der Reihenfolge. Ein Satz steht hinter dem andern – so, daß auch ein Schlüsselwert dem andern folgt, aufsteigend oder absteigend. Solch ein Bestand ist sortiert. Das ist bei fortlaufenden Beständen wichtig: Wenn die Daten aus allen Richtungen kommen, muß man sie zuerst sortieren. Von Disketten und Magnetplatten kommt der gestreute Bestand. Jedes Datenelement hat Adresse und Schlüssel; beides zusammen ist der Index. Diese Indizes speichert man in Tabellen. Auch dort spielt das Suchen eine große Rolle, wenn man mit Hilfe des Schlüssels den Index sucht, um dann über die Adresse zu den Daten zu kommen.

Der Suchbaum

Für programmierbare Taschenrechner gibt es ein Spiel: Man muß eine Zahl zwischen 1 und 64 erraten, die der Computer gewürfelt hat. Nacheinander hat man sieben Chancen. Jeden Versuch kommentiert der Computer mit »stimmt«, »zu klein« oder »zu groß«.

Für dieses Fragespiel gibt es eine Strategie, mit der man gewinnen kann. Der Suchbaum unten zeigt, wie sie funktioniert. Man beginnt in der Mitte zwischen 1 und 64 – bei 32. Nehmen wir an, es geht um die Zahl 49. Dem Computer ist 32 »zu klein«. Man nimmt von der einen Hälfte (33 bis 64) wiederum die Hälfte und ist bei 48. Die Antwort: »zu klein«. Jetzt geht es um 8 weiter: zu 56. »Zu groß«. Also geht man zu 52. Zwei Schritte weiter, und wir sind am Ziel: bei 49. Insgesamt haben wir sechs Fragen gestellt.

Sechs Fragen reichen

Gibt es eine Zahl, bei der man mehr als sechs oder gar sieben Fragen braucht, um sie zu finden? Nein, der Suchbaum zeigt es: der Weg zu jeder Zahl enthält höchstens sechs Fragen. Manche Zahl hat man schon früher.

Wenn der Computer bei unserem Ratespiel sieben Fragen zuläßt, kann man mit dieser Strategie stets gewinnen.

Diese Art systematischen Suchens nennt man »Aufsuchen«. Würde man bei 1 beginnen und einfach mit 2, 3, 4 ... weiterfragen, so wäre das ein »Absuchen«. Beim Absuchen verliert man ein solches Spiel fast immer.

Der Baum wird schief

Unser Suchbaum funktioniert deshalb so gut, weil die Zahl 64 reibungslos immer wieder durch 2 geteilt werden kann: insgesamt sechsmal. Deshalb hat der Baum auch sechs Ebenen, auf denen sich Äste verzweigen. Und deshalb kommt man mit maximal sechs Fragen durch. 64 ist ein Vielfaches von 2; an jeder Stelle sind zwei Wege offen. »Zweifach« heißt auf lateinisch »binär«. Deshalb nennt man diese Art des Suchens ebenfalls »binär«.

Das Verfahren klappt natürlich auch, wenn man es nicht mit einem Vielfachen von 2 zu tun hat, wie das wohl meist die Regel ist. Nehmen wir 100! Durch zwei: das gibt 50, dann 25. Aber bei 25 gibt es kein Dividieren mit 2 mehr. Da geht man in die eine Richtung mit 12, in die andere mit 13. Dann wird der Baum zwar schief, aber er funktioniert dennoch.

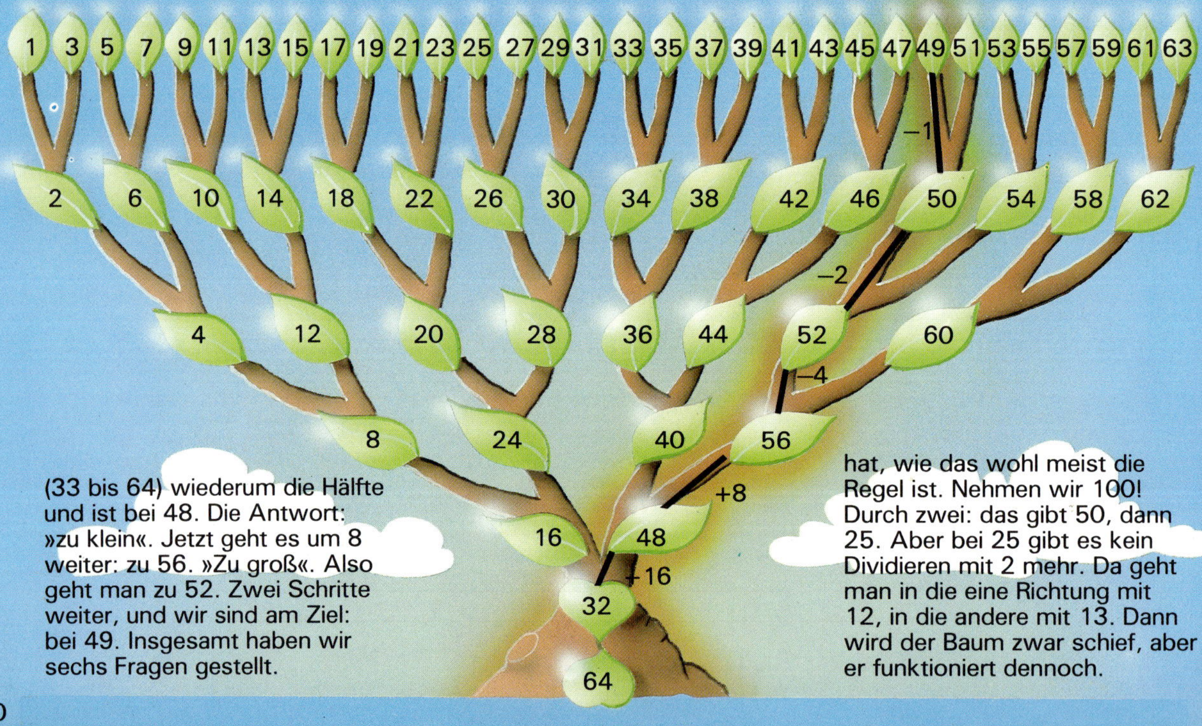

Aufsuchen geht schnell
Das binäre Aufsuchen führt zu den kürzesten Wegen in Suchbäumen. Deshalb ist es beim Suchen in Tabellen sehr beliebt. Eine Indextabelle führt in der ersten Spalte die Schlüsselwerte. In der zweiten Spalte stehen die dazugehörigen Adressen. Oft sind nicht alle Schlüsselwerte besetzt; manche fehlen. Auch die Zahl der Indizes in der Tabelle ist nur zufällig mal ein Vielfaches von 2. Das macht nichts; man sucht dennoch binär.
Gegeben ist ein Schlüsselwert. Wo steht er in der Tabelle? Wenn man die Position findet, hat man auch die Adresse des Datensatzes. Denn die steht ja in der zweiten Spalte auf derselben Zeile.
Man beginnt also in der Mitte der Tabelle und vergleicht den Suchwert mit dem Tabellenwert. Bei KLEINER geht man um die Hälfte – das ist ein Viertel des Tabellenumfanges – nach unten, bei GRÖSSER nach oben. Dann wird wieder verglichen. Jetzt geht es um ein Achtel hinauf oder hinunter. Wenn das Achtel der Tabellenlänge Kommastellen hat, läßt man sie einfach weg. Aus 3425,45 wird 3425. Der Fehler ist nicht groß. Und es geht immer noch schneller, als wenn man von vorne nach hinten absucht.

Der Computer sucht
Bei sehr großen Datenbeständen hat man meist keine einheitliche Indextabelle. Das Suchen in sehr großen Tabellen wäre zu zeitraubend. Die Post hat das gleiche Problem bei den Millionen von Briefen, die zugestellt werden müssen: da wird deshalb erst nach der Stadt, dem Stadtteil, schließlich nach der Straße und dem Haus sortiert. Bei großen Datenbeständen macht man das ähnlich. Es gibt zuerst mal eine Tabelle, aus der man das Speichergerät bestimmt, wenn sich der Bestand über mehrere Geräte erstreckt. Als nächstes hat man einen Index für die übereinanderliegenden Spuren, wenn das Gerät aus mehreren Platten besteht. Eine weitere Indexstufe führt zur Spur und schließlich zum Satz in der Spur. Der Fachmann nennt diese Stufen Hauptindex (Geräte), Zylinderindex (übereinanderliegende Spuren) und Spurindex.

Das Sortieren
Früher, als es nur fortlaufende Bestände gab, weil die Plattenkapazitäten für das Speichern von Dateien nicht ausreichten, spielte das Sortieren eine sehr wichtige Rolle. Aus dieser Zeit gibt es eine Vielzahl von schnellen und effizienten Sortierprogrammen. Auf unserem Bild unten zeigen wir, wie man mit Bändern oder Kassetten fortlaufende Bestände durch Mischen sortiert.

Sortieren durch Mischen auf zwei Wegen
Unser Bild unten zeigt, wie man durch Mischen sortiert. Die zu sortierenden Sätze, die hier nur durch ihre Schlüssel gezeigt sind, werden auf zwei Datenträger verteilt und dort fortlaufend gespeichert. Das ist Stufe 1.
In Stufe 2 macht man Doppelsätze, indem man – in der richtigen Reihenfolge – je einen Satz vom Gerät 1 zu einem von Gerät 2 packt. Die Sätze sind in sich bereits sortiert. Das ist wichtig.
In Stufe 3 werden immer zwei Doppelsätze zu einem Vierersatz gemischt, indem man die Sätze in der richtigen Reihenfolge aus den Doppelsätzen entnimmt. (Mischen heißt bei diesen vorsortierten Sätzen, daß man einen Satz vom einen oder vom andern Gerät oder Block entnimmt – je nachdem, welche Schlüsselnummer kleiner ist.)
Jetzt kommt Stufe 4. Hier wird zu Achterblöcken gemischt.
Nach Stufe 5 kommt man, indem man die sortierten Sätze aus Stufe 4 nochmals mischt.
Man nennt dieses Verfahren ein Zwei-Wege-Mischverfahren. Es geht schneller, wenn man auf mehr als zwei Wegen mischt.

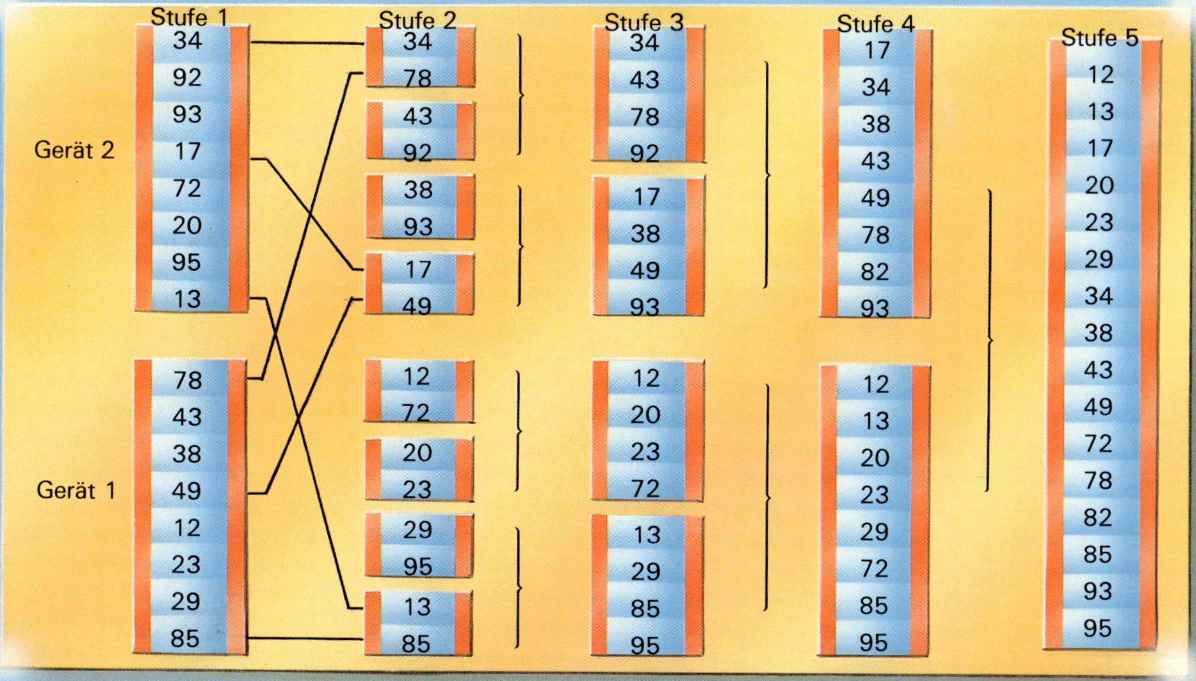

Der elektronische Notizzettel

Es gibt viele fertige Programmpakete, die es erlauben, einen Heimcomputer wie ein Notizbuch zu benutzen.
Sie können den Bildschirm wie einen Notizzettel beschreiben. Dieser Notizzettel ist dann bereits in Zellen eingeteilt, die wie eine Matrix angeordnet sind und je ein Datum aufnehmen. Jede Zelle ist so groß, daß darin eine Zahl oder ein Literal Platz haben. Das System MULTIPLAN bringt beispielsweise in 63 Spalten und 255 Zeilen insgesamt rund 16 000 Daten unter. Das ist mehr, als auf einem Bildschirm Platz haben. Auf dem lassen sich gleichzeitig rund 7 Spalten und 20 Zeilen besichtigen und bearbeiten – ein beliebiger Ausschnitt aus dem Notizzettel. Sie können auch jeder Zelle eine mathematische Formel zuordnen, in der beliebige Zellenwerte auftreten können. So können Sie flexibel rechnen. Wenn man einen Wert ändert, ändern sich automatisch auch alle bisher schon errechneten Werte.

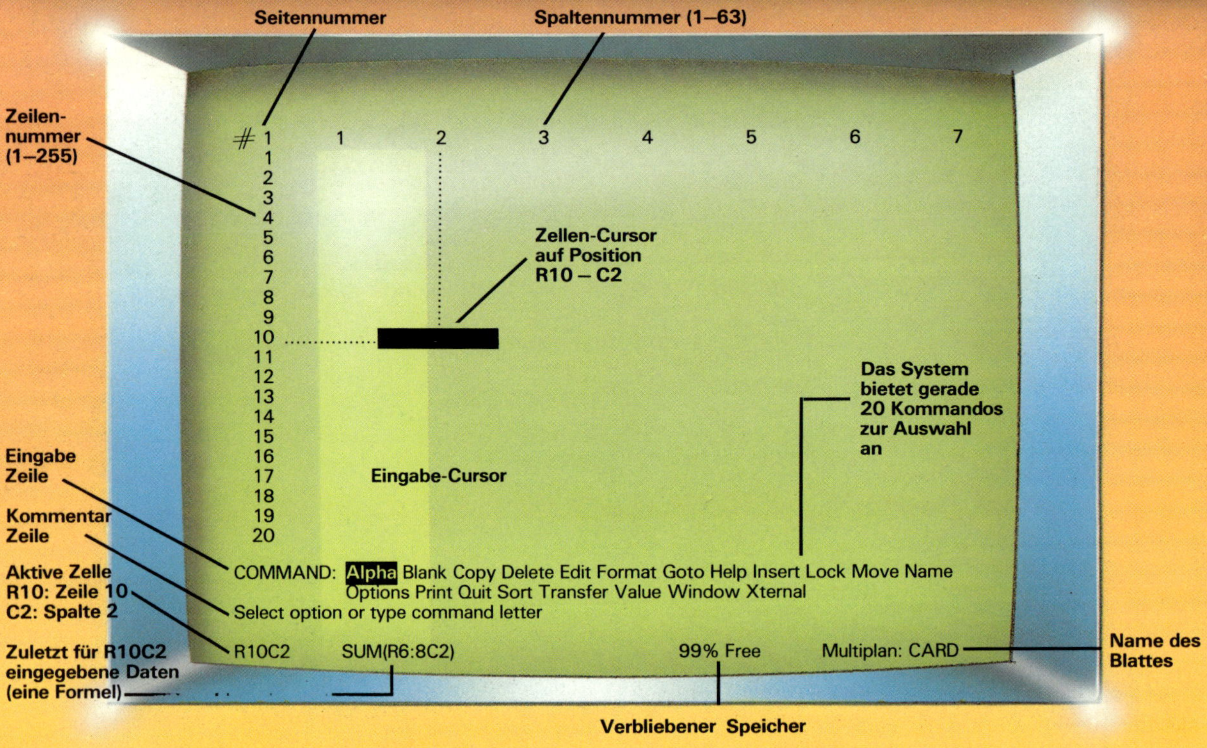

MULTIPLAN und andere
Es gibt eine Reihe von Programmpaketen für ein elektronisches Notizbuch. Wir halten uns hier weitgehend an das Paket MULTIPLAN. Es läuft auf vielen Heim-Computern. Ähnliche Programme heißen VISI-CALC oder LOTUS. Man kauft sie unabhängig vom Computer (muß aber sicher sein, daß sie auf dem eigenen Computer laufen) – eine Diskette mit den Programmen und ein ausführliches Handbuch. MULTIPLAN zeigt auf dem Bildschirm ein elektronisches Notizblatt, auf dem die Spalten und Zeilen mit Nummern angegeben sind. Hier sehen Sie, wie das auf dem Bildschirm aussieht.

Wir geben ein
Die Daten werden über die Tastatur eingegeben und erscheinen als Zeile auf dem Schirm. Man drückt die Taste ENTER, das Eingegebene wandert in die Zelle. Die wird auf dem Bildschirm durch einen Cursor angezeigt. Das ist ein beleuchtetes Feld, das zehn Zeichen aufnehmen, aber auf 32 Zeichen erweitert werden kann.
Man bewegt den Cursor mit Tasten, die Pfeile tragen.
Will man ein Kommando eingeben, dann schreibt man COMMAND oder C. Nun erscheint eine Liste aller Kommandowörter auf dem Schirm. Man kann mit dem Cursor das ansteuern, das man befolgt haben möchte. Oder man tippt das Wort ein. Wenn man nicht weiter weiß, signalisiert man HELP – das heißt »Hilfe«. Dann bildet das System weiterführende Informationen ab.

Kommandos in MULTIPLAN

Mit den Kommandos weist man dem System bestimmte Funktionen an:

ALPHA – Das System erwartet jetzt Text. Man kann das Wort entweder eintippen oder den Cursor auf ALPHA setzen. Dann drückt man die Taste ENTER.

DELETE – Man löscht damit Spalten, Zeilen und Zellen.

EDIT – Der Inhalt der Zelle, auf der der Cursor steht, wird in der Eingabezeile angezeigt. Der Cursor ist beweglich – zum Ändern.

HELP – Man bekommt Informationen, wenn man nicht mehr weiter weiß.

INSERT – Damit kann man Zeilen, Spalten und Zellen einfügen.

MOVE – Das Kommando versetzt Zeilen, Spalten und auch einzelne Zellen.

NAME – Damit kann man Zellen einen Namen geben.

PRINT – Das Kommando zum Drucken und Speichern.

TRANSFER – Dahinter stecken viele Kommandos, die durch Zusatzworte aufgerufen werden. Sie dienen zum Übertragen und Sichern von Arbeitsbereichen, die damit zu Beständen werden.

VALUE – So sagt man dem System, daß man numerische Werte oder Formeln eingeben will.

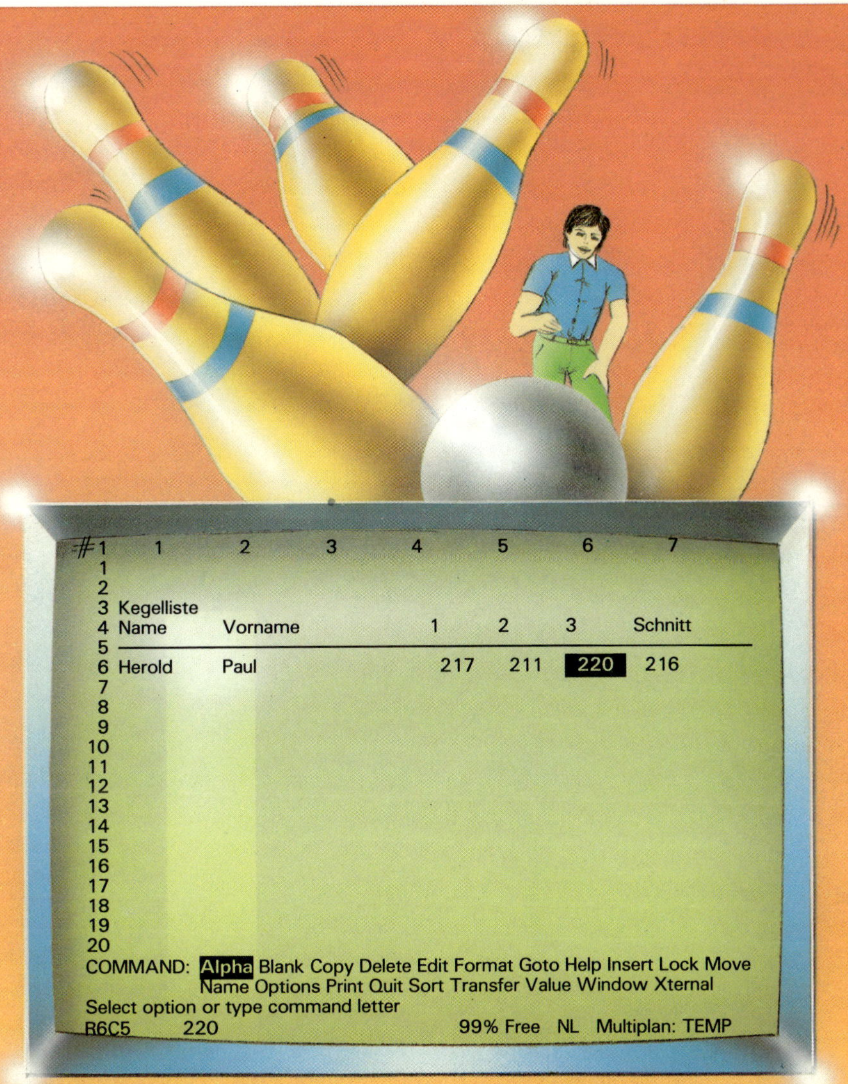

Die Zellen haben Adressen

Wenn man Formeln schreiben und mit dem Inhalt einzelner Zellen verknüpfen will, muß man an diese Zellen herankommen. Dazu gibt es zwei Möglichkeiten. Entweder man gibt der Zelle mit dem Kommando NAME einen Namen, oder man nennt ihre Adresse – beispielsweise R9C15 für die Zelle in Zeile 9 und Spalte 15. Schreibt man nur R9, so meint man die ganze Zeile, mit C15 die ganze Spalte.
Tippt man R [—3], so bedeutet das: in der Zeile drei Zellen zurück! Die Angabe R [—3]: R [—1] meint also die drei vorangehenden Zellen.

Formeln für die Zellen

Anstatt in eine Zelle einen Wert zu schreiben, kann man auch eine Formel definieren, die Inhalte anderer Zellen verknüpft und in die gewünschte Zelle bringt. »Durchschnitt« heißt auf englisch »Average«. Schreibt man

AVERAGE (R [—3]: R [—1])

so ermittelt MULTIPLAN den Durchschnitt der drei vorangehenden Zellenwerte und transportiert ihn in die gewünschte Zelle. Wenn nun einer dieser Werte geändert wird, so ändert sich automatisch auch der Inhalt der Durchschnittszelle. Der Computer denkt gewissermaßen mit.

Das Kegel-Beispiel

Es geht beim Bild oben um mehrere Kegelspieler und drei Spiele. Zuerst wählen wir als Kommando ALPHA, setzen den Zellencursor auf R3C1 und tippen »Kegelliste« ein. Das Eingetippte erscheint unter der Zeilennummer (20) in der Eingabezeile. Nach Drücken der ENTER-Taste geht das Getippte in die anstehende Zelle. Links unten erscheint der Positionszähler, dahinter noch einmal »Kegelliste«. In der Eingabezeile steht jetzt ALPHA/VALUE. Das System signalisiert damit, daß es Text oder Zahlen erwartet. Kommt zuerst ein Buchstabe, so schaltet MULTIPLAN auf ALPHA, sonst auf VALUE (das englische Wort für »Zahlenwert«). Ebenso schreibt man die Zeilen 4 und 5.
Zur Eingabe einer Formel stellen wir den Cursor auf R6C6 und wählen VALUE. Jetzt tippen wir

AVERAGE (R [—3]: R [—1])

Wir ordnen damit dem Feld R6C6 eine Durchschnittsrechnung für die vorangehenden drei Felder zu. Immer, wenn wir jetzt im Verlauf des Turniers einen neuen Wert eingeben, wird ein neuer Durchschnitt errechnet.

Was ist eine Datenbank?

Früher hatte ein Computer nur Bestände. Heute hat er meist auch eine Datenbank: Er dient als eine Art von großem Nachschlagewerk.
Die meisten Datenbanken, die vor allem Zahlenwerte speichern, sind »formatiert«. Da gibt es nur Sätze mit einem festen Aufbau.
Textdatenbanken sind jedoch unformatiert, weil ihre Sätze sprachlich im Klartext formuliert sind – und die menschliche Sprache ist nicht sehr systematisiert. Textdatenbanken sind aber in der Minderheit. Wir können uns hier auf formatierte Datenbanken beschränken.

Text oder Daten?
Bei formatierten Datenbanken sind die Schlüssel besonders wichtig. Jeder Satztyp hat seinen Hauptschlüssel; es gibt aber auch Nebenschlüssel. Der Sparsatz ist nach der Sparbuchnummer geordnet, enthält aber auch die Kundennummer. So findet der Computer schnell alle Konten eines Kunden, wenn man das will. Je mehr Schlüssel in einer Datenbank sinnvoll sind, desto vielfältiger ist sie nutzbar.

Die redundanzfreie Datenbank
Eine öffentliche Bibliothek ist eine Art von »Bücherbank«. Sie steht vielen Benutzern zur Verfügung, hat aber von jedem Buch möglichst nur ein Exemplar. Über Register und Karteien (die den Indextabellen entsprechen) sucht man den Standort seines Buches. Der Bibliothekar holt es dann. Das nennt man »indizierten Zugriff«.
So macht es auch die Datenbank. Sie speichert jedes Datenelement nur einmal und ist, wie die Fachleute sagen, »redundanzfrei«, aber vielfach benutzbar. »Redundanz« kommt aus dem Englischen und heißt »weitschweifig«.

Eine Mini-Datenbank
Die Datenbank für eine Sparkasse könnte drei Satztypen haben: KUNDE, SPAR und GIRO. KUNDE hat drei, GIRO hat fünf, SPAR hat vier Sätze. K1 K2 und K3 sind zulässige Kundennummern, S1 bis S4 Sparbuchnummern und G1 bis G5 Gironummern. Das wäre allerdings nur eine Mini-Datenbank. Unser Bild unten zeigt es. Links steht der Hauptschlüssel, nach rechts hin sehen Sie die Nebenschlüssel. Sie erkennen, wie die einzelnen Sätze zusammengehören.
Diese Sätze sind redundanzfrei gespeichert und nicht so zusammengefaßt, wie man sie für einzelne Anfragen braucht. Die Datenbank muß also gewünschte Sätze suchen, gruppieren und dann gemäß einem Anfrageprogramm auswerten. Das nennt man »logische Benutzersätze« – im Gegensatz zu den »physischen Datenbanksätzen«. »Logisch« und »physisch« sind Fachausdrücke der Datenbanker.

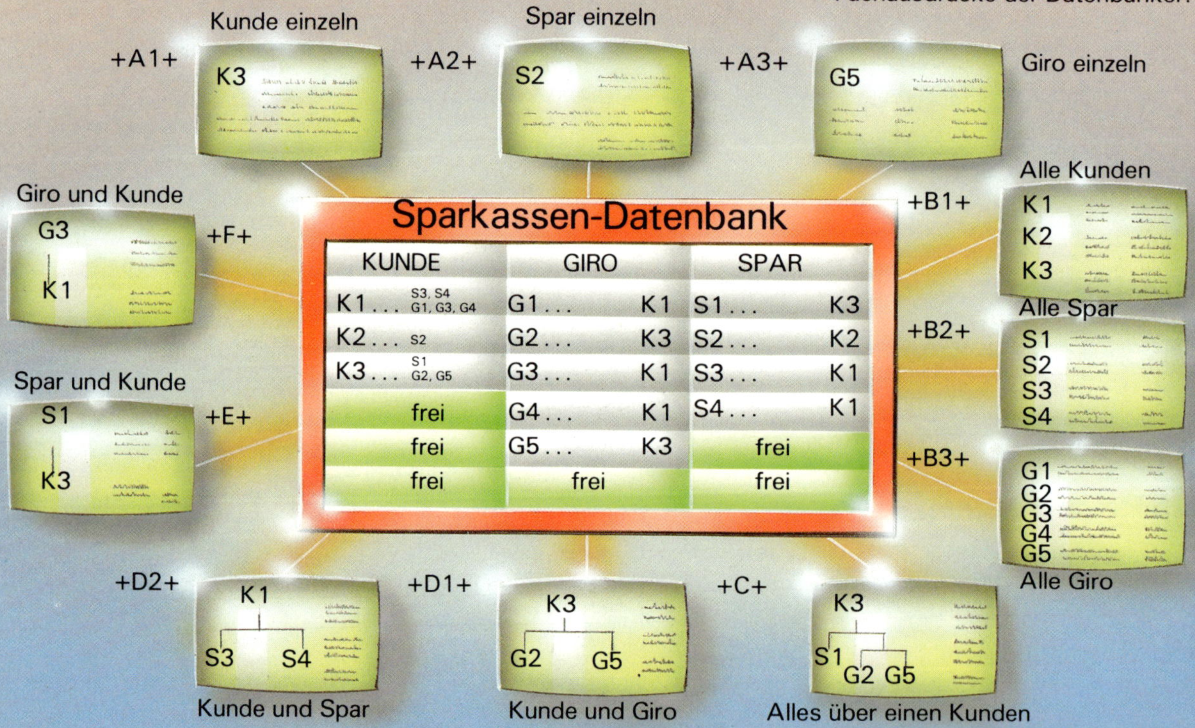

Die Datenbank ist auskunftsbereit
Hier ist eine Auswahl von dem, was unsere Mini-Datenbank bieten kann:
A – Man kann aus jedem einzelnen Satz Angaben über einen Kunden, ein Giro- oder ein Sparkonto machen.
B – Man kann alle Kunden, Sparbücher oder Girokonten (und auch Gruppen davon) auf dem Bildschirm oder in einer Liste zeigen.
C – Man kann für einen einzelnen Kunden sämtliche Spar- und Girokonten zeigen.
D – Man kann für einen einzelnen Kunden das eine (Sparkonto) oder das andere (Girokonto) zeigen.
E – Man zeigt zu einem Girokonto die Kundendaten.
F – Man zeigt zu einem Sparkonto die Kundendaten.
Jedesmal muß die Datenbank einen anderen Zugriffsweg zu den Datensätzen finden. So entstehen aus physischen Sätzen oft sehr komplexe logische Sätze.

Querbeziehungen in der Datenbank
Das Bild links unten macht klar, wozu man die Schlüssel wirklich braucht. Sie spielen eine Doppelrolle. Bei den Beständen bezeichnet man mit ihnen einzelne, individuelle Datensätze. Bei der Datenbank müssen sie aber auch quer durch die Bestände verschiedene Sätze zusammenbringen. Zum Beispiel SPAR zu KUNDE über die in beiden Sätzen gleiche Kundennummer. Technisch macht man das meist über eine Direktindizierung, die sehr komplex sein kann. Man kann aber auch Zeiger im Satz mitführen, die auf einen Satz in einem anderen Bestand verweisen. Bei dieser »Querindizierung« muß man nicht suchen.

Datenbank-Techniken
Sie bestehen vorwiegend darin, daß man sinnvoll mit Schlüsselwerten und den dazugehörigen Satzadressen umgeht. Man hat es also vorwiegend mit Indizes oder Zeigern zu tun.
Dabei gibt es zwei Möglichkeiten. Entweder man speichert die Zeiger in Tabellen und kommt so zu Indextabellen. Solche Tabellen für jeden Schlüssel in jedem Bestand umgeben die Datenbank und vermitteln vielfachen Zugriff zu allen Datenbänken, die zusammengehören. Man kann die Zeiger aber auch direkt in den Sätzen speichern (Bild oben zeigt das symbolisch) und hat so einen Zeitvorteil, weil man nicht für jeden Zugriff suchen muß. Allerdings muß die Benutzung dieser Zeiger sorgfältig und detailliert programmiert werden.

Die Datenbank-Programmierer
Man hat etwa ein Dutzend verschiedener Zugriffsbefehle, die (ähnlich wie das GET in BASIC) Datenbanksätze beschaffen. Verschiedene Zugriffsbefehle sind nötig, weil beispielsweise Direktindizierung etwas anderes ist als Querindizierung. Programmierer, die Programme für solche Zugriffsbefehle schreiben können, sind Spezialisten: Datenbankprogrammierer. Sie kennen ihre Datenbank und ihre Zeiger, die Zugriffssprache mit den Zugriffsbefehlen und eine allgemeine Programmiersprache wie COBOL oder PL/1, zu der die Zugriffssprache gehört.

Anfragesprachen
Normalerweise schreibt man eine Anfrage an eine Datenbank in einer höheren Programmiersprache – wie etwa COBOL –, zu der eine spezielle Zugriffssprache gehört. Es gibt aber auch Anfragesprachen für Leute, die keine Programmierer sind. Hier ist ein Beispiel:

```
SELECT KUNDENNUMMER,
ADRESSE, SPARNUMMER,
BETRAG FROM KUNDE, SPAR
WHEN KUNDENNUMMER = 4712
END
```

Das Wort SELECT veranlaßt die Datenbank, in den Beständen KUNDE und SPAR aus den Sätzen mit der Kundennummer 4712 die angegebenen Felder zu entnehmen. Diese Sprache genügt auch dann noch, wenn die Anfragen komplizierter sind. Dazu braucht man allerdings einen größeren Computer.

Daten im Großen, Daten im Kleinen

Es ist etwas Eigenartiges um die Daten im Haushalt. Verglichen mit dem, was man beim großen Rechner in der professionellen Datenverarbeitung findet, sind Haushaltsdaten vom Volumen her recht gering. Tausend Bücher oder hundert Artikel in der Tiefkühltruhe – was ist das schon gegen 100 000 Bücher in einer mittleren Bibliothek oder 80 000 Artikel im Supermarkt?
Aber Haushaltsdaten sind schwer zu erfassen und schwer festzulegen. Man denke nur an das häusliche Schallarchiv! Ein bißchen hat es auch damit zu tun, daß man sich in der Industrie, bei Behörden, bei Banken oder im Handel schon seit Jahrzehnten mit Daten beschäftigt. Für den Haushalt waren Computer bisher zu teuer, um eine Chance zu haben. Das ändert sich. Und viele Hausfrauen sind echte Profis. Sie kochen wie Großmeister und managen ihren Haushalt optimal. Vielleicht entdecken sie alsbald den Computer als Küchengerät.

Daten professionell
Die professionelle Datenverarbeitung ist längst ein bestimmender Faktor in Handel und Wandel, im Bankgewerbe und bei den Behörden, in der Industrie, bei Dienstleistungsbetrieben und in der Wissenschaft. Der Unterschied zu Heim und Hobby ist gewaltig. Wenn in der Speisekammer eines Haushalts hundert verschiedene Artikel darauf warten, verbraucht zu werden, sind es im großen Supermarkt hunderttausend. Außerdem leben im Haushalt nicht mehr als vier oder – wenn er größer ist – acht Personen. Ein Fehler in der häuslichen Datenverarbeitung wird da entweder gar nicht bemerkt, spielerisch beseitigt oder verziehen. Im Supermarkt arbeiten wenige hundert Leute, aber es wandern täglich Tausende durch die Regale. Hier werden Fehler, die der Computer macht, letztlich zwar auch verziehen – aber sie werden nie vergessen.

Welten wachsen zusammen
Es sieht so aus, als läge zwischen den Daten im Haushalt und den Daten in der Industrie eine nicht zu überbrückende Kluft. Aber das könnte ein Irrtum sein. Schon beziehen viele Firmen und Ämter Haushaltsdaten und verarbeiten sie – das Finanzamt bei seinen Steuererklärungen ebenso wie das Versandhaus bei den Bestellungen. Alles spricht dafür, daß sich der Heimcomputer von heute mit seinen Kollegen außerhalb des Haushalts voll vertragen könnte. Man braucht nur an den Bildschirmtext und seine Möglichkeiten zu denken.
Es sieht so aus, als ob die professionelle Datenverarbeitung in den Haushalt einzieht. Ähnlich ist es mit dem Auto gegangen, den Stereoanlagen, dem Fernsehen, den Haushaltsmaschinen. Wird das Einfamilienhaus mit seiner zentralen Heizung und der Warmwasserversorgung etwa unprofessionell versorgt? Radios, Autos und Haushaltsgeräte werden von Hausfrauen bedient. Sind die Maschinen deshalb weniger kompliziert, weniger professionell?
Nein: Fast alles spricht dafür, daß auch den Daten im Haushalt eine wachsende Bedeutung zukommt.

Register

A

absuchen 30
Adressbuch 20
Adresse 17, 18, 31, 33
Adresstabelle 23
alphabetisch 6
alphanumerisch 6
Anfragesprache 35
Anzahl 7
Archiv 24
Artikelnummer 23
Attribut 7, 9
aufsuchen 15, 30
aufsuchen, binär 31
Auskunftsdatei 21
AVERAGE 33

B

Befehlsnummer 11
Befehlswort 11
Befragungen 27
Beleg 8, 10
Bemerkungen 20, 21
benutzerfreundlich 10
Benutzersatz 34
Bestand 3
Bestandsende 15
Beträge 7
Bibliothek 10
binär 30
Block 15, 16
Blocklänge 15
Briefmarken 24
Buchnummer 10
Buchstabe 6

C

CLEAR 21
CLOSE 19
COMMAND 32
Cursor 32

D

Datei 5, 9
Dateiprogramm 28
Daten 5, 6
Datenbank 34
Datenbanksatz 34
Datenbereich 13
Datenbestand 9
Dateneingabe 11
Datenelement 9
Datenerfassung 8
Datengruppen 7
Datensatz 10, 16
Datum 7, 12
DELETE 21, 33
Dezimalpunkt 6, 7
Dezimalsystem 7
DIM 13, 23
Directory 20
Direktindizierung 35
Direktzugriff 17, 25
Diskette 14, 16, 18
Diskettenadresse 18
Dokumentation (Programme) 20, 21
Durchschnitt 26

E

EDIT 21, 33
einfügen 17
Eingabe 10
Eingabedaten 10
Eingabeprogramm 10
ENTER 7, 11
EOF (End Of File) 15, 29

F

Feld 8
Feldlänge 16
Feldname 10
Festplatte 18
FOR 13
Format 9

formatiert 34
Formeln 33
Formular 8, 17, 26
fortlaufend 12, 14, 15, 17ff.

G
Ganze Zahl 8
Genauigkeit 9
gestreut 18, 19
GET 14
Gewicht 7
Giga 7
GOSUB 17
GOTO 11, 13

H
Häufigkeit 26
Hauptindex 31
Hauptschlüssel 9, 18, 34
Haushaltdaten 34
HELP 32, 33
Hobbydaten 24

I
Index 18
indexsequentiell 19
Indextabelle 18, 31
indiziert 19, 34
Indizierung 23
Information 5
INPUT 11
INSERT 33

K
Kalender 12
Kalenderblatt 12
Kalenderprogramm 13
Kassette 14
Kennzeichen 25
KILL 21
Kilo 7
Kommando 33
Korrelation 27

L
laden 20, 21
Länge (eines Feldes) 10
Lagerproblem 22
lesen 19
Liednummer 25
LIST 21
LOAD 20, 21
löschen 17, 21
logischer Satz 34

M
Magnetplatte 18
Maßeinheit 7
Matrizen – Matrix 13
Mega 7
Meinungsumfragen 26
Mengen 7
MERGE 21
Meßdaten 26
Meßdatensatz 26
Meßwert 26
Minuten 7
mischen 21, 31
Mittelwert 26
MOVE 33
MULTIPLAN 32
Musiksatz 25

N
Namen 7
Nebenschlüssel 34
negative Zahl 6
NEW 11, 21
NEXT 13
Notizblatt, elektronisch 32
Notizbuch, elektronisch 32
numerisch 6
Nummer 9

O
OPEN 11, 14, 19

P
Pflege 21
physischer Satz 34
Planquadrate 24
positive Zahl 6
Preis 7
PRINT 11
Programmbibliothek 20, 21
Programmdokumentation 20, 21
Programmiersprache 7
Programmname 20
Programmorganisation 28
Programmschutz 21
PUT 14, 19

Q
Qualität von Daten 8
Querindizierung 35

R
Random Access 17
READ 19
Rechenfeld 10
Rechenschema 27
Redundanz 34
redundanzfrei 34
REM (remark) 20, 21
RETURN 17
REWIND 14
Rückspulbefehl 14
RUN 11, 21

S
Satz (Daten-) 9
Satzlänge 12
Satztypen 34
SAVE 20, 21
Schallarchiv 25
Schleife 13
Schleifenende 13
Schlüssel 9, 15
Schlüssel (Datenbank) 35
Schlüsselwert 19, 31
Schreibbefehl 14
schreiben 19
Schreib-Lesekopf 14
schützen 21
Sektor 15, 16
Sekunden 7
SELECT 35
sequentiell 14
Sexagesimalsystem 7
sichern 20, 21
Sonderzeichen 6
sortieren 30, 31
Sortierprogramm 31
Speicher 10
sprechender Schlüssel 20, 22
Spur 18
Spurindex 31
Statistik 26
Stichprobe 27
Streuung 27
Stück 7
Stunden 7
Suchbaum 30, 31
suchen 18, 30, 31
suchen in großen Tabellen 31

T
Tabellen 23
Tabellenformular 8
Tage 7
Taschenkalender 12, 14
Terminbestand 17
Termine 7
Textdatenbank 34
Tiefkühltruhe 22

U
überschreiben 15
Uhrzeit 7
Umfragen 27
Umlaute 6
Unterprogramme 17

V
Variable 9
Vektor 13
Volumen 7

W
wahlfrei 17, 18, 19
Weinkeller 25
Wert 9
Wochentag 17
WRITE 19

Z
Zählerstand 8
Zahlen, ganze 8
Zeichenkette 15
Zeiger 18
Zeigertabelle 18
Zeiten 7
Ziffern 6
Zugriffszeit 18
Zurückspulen 14
Zwei-Wege-Mischverfahren 31
Zwischenraum 6
Zylinderindex 31